René Lipphardt

Interkulturelle Kompetenzentwicklung als Aufgabe der beruflichen Bildung

Ein Diskurs über Ressourcen und Chancen von Jugendlichen mit Migrationshintergrund

Diplomica® Verlag GmbH

Lipphardt, René: Interkulturelle Kompetenzentwicklung als Aufgabe der beruflichen Bildung. Ein Diskurs über Ressourcen und Chancen von Jugendlichen mit Migrationshintergrund, Hamburg, Diplomica Verlag GmbH 2009

ISBN: 978-3-8366-6801-9
Druck Diplomica® Verlag GmbH, Hamburg, 2009

Bibliografische Information der Deutschen Bibliothek
Die Deutsche Bibliothek verzeichnet diese Publikation in der Deutschen Nationalbibliografie;
detaillierte bibliografische Daten sind im Internet über
<http://dnb.ddb.de> abrufbar.

Die digitale Ausgabe (eBook-Ausgabe) dieses Titels trägt die ISBN 978-3-8366-1801-4 und kann über den Handel oder den Verlag bezogen werden.

© Diplomica Verlag GmbH
http://www.diplomica-verlag.de, Hamburg 2009
Printed in Germany

Inhaltsverzeichnis

1   Einleitung

Ich arbeite seit dreieinhalb Jahren im Studienservice der Universität Kassel. Der Studienservice kümmert sich um die administrativen Belange der deutschen und ausländischen Studenten wie beispielsweise Immatrikulation, Exmatrikulation, Studienbeiträge und in besonderem Maße die Betreuung der ausländischen Studierenden an der Universität. Hier lernte ich Zohra kennen. Zohra absolvierte vor einigen Jahren ein Praktikum im Studienservice und arbeitet mittlerweile als Sachberaterin im Fachgebiet der Studienguthabenabteilung. Zohra und ich arbeiten oft in einem Team zusammen und so bleibt manchmal Zeit für private Gespräche. In diesen Gesprächen erfuhr ich viel über ihren bisherigen beruflichen Lebensweg und wie sie zur Universität Kassel kam. Zohra war vierzehn Jahre alt, als sie und ihre Familie von Afghanistan nach Deutschland kamen. Im deutschen Schulsystem wurde sie damals ohne Deutschkenntnisse in die achte Klasse einer Hauptschule eingestuft, die sie schon nach sechs Monaten wieder verließ, um den mittleren Bildungsabschluss in der Realschule zu erwerben. Diesen erwarb sie mit überdurchschnittlichem Erfolg und besuchte anschließend ein Jahr die Höhere Handelsschule mit der Fachrichtung Verwaltung an der Martin-Luther-King-Schule in Kassel. Nach dem erfolgreichen Abschluss wollte sie unbedingt die Fachoberschule besuchen, um das Fachabitur zu erwerben. Hier lehnte man sie jedoch mit der Begründung ab, dass ihre Kenntnisse der deutschen Sprache nicht ausreichen würden, um das Fachabitur erfolgreich zu bestehen. Sie ließ sich dennoch von diesem Rückschlag nicht entmutigen und fand eine Anstellung als Bürokauffrau, ohne Ausbildung, bei der Stadt Kassel, die sie nach zwei Jahren wieder beendete, um in der Abendschule das Abitur nachzuholen. Durch einen Kontakt zum Bildungsträger FABIA in Vellmar, der unterstützt und gefördert wird von der Diakonie, bekam sie eine Praktikantenstelle in der Verwaltung der Universität Kassel und brach ihr Abitur ab. In ihrem Praktikum kümmerte sie sich nicht nur um Verwaltungsarbeiten, sondern auch um die ausländischen Studierenden. Sie konnte durch ihre vielseitigen Sprachkenntnisse, wie Englisch, Indisch und ihre Heimatsprache, mit den ausländischen Studierenden kommunizieren und sensibler auf sie eingehen, womit sie vielen ausländischen Studierenden half, sich an der Universität Kassel zurechtzufinden. Ihre zweifellos vorhandenen Potenziale erkannten auch ihre Vorgesetzten und boten ihr in Absprache mit dem Bildungsträger FABIA eine Ausbildung zur Bürokauffrau an. Mittlerweile hat sie ihre Ausbildung erfolgreich abgeschlossen und arbeitet wie bereits erwähnt an der Universität Kassel.

Als angehender Lehrer an Beruflichen Schulen hat mich nicht nur Zohras beruflicher Bildungsweg besonders beeindruckt, sondern auch der Einsatz ihrer Stärken und Potenziale wie die Mehrsprachigkeit und ihre Kenntnisse über uns fremde Kulturen. Ich habe diese Biografie zum Anlass genommen, um herauszufinden, ob jugendliche Migranten[1] interkulturelle Kompetenzen besitzen und ob der Einsatz dieses vorhandenen Potenzials den wohl schwierigen Zugang zum deutschen Bildungssystem verbessert.

Die Beantwortung dieser Fragestellung wirft für mich zunächst weitere Sachverhalte auf, die im Vorfeld geklärt werden müssen: Was sind die Ursprünge und wie wird die Entwicklung zur interkulturellen Kompetenz beschrieben? Was ist unter interkultureller Kompetenz im Allgemeinen und im Hinblick auf die Jugendlichen mit Migrationshintergrund zu verstehen? Sind Jugendliche mit Migrationshintergrund im deutschen Bildungssystem benachteiligt?

Um diese Fragen zu beantworten, behandelt zunächst das zweite Kapitel die Ursprünge und die Entwicklung hin zur interkulturellen Kompetenz. Am Anfang dieses Kapitels wird auf die Problematik des korrekten Sprachgebrauchs in der Interkulturellen Bildung und Erziehung eingegangen und wie sich hieraus die Bezeichnung ‚Migranten' durchsetzte. Die Lokalisierung der Entstehung der interkulturellen Kompetenz in den 1950er und 1960er Jahren und die darauf folgende Gastarbeiterforschung bis in die 1970er Jahre sind Bestandteil dieses Kapitels. In den 1970er und 1980er Jahren bis heute reagierte die Pädagogik mit der Ausländerpädagogik und der sich daraus entwickelnden Interkulturellen Pädagogik auf die Arbeitsmigration und die Tatsache, dass Deutschland zu einem Einwanderungsland geworden ist. Die Ursprünge der Arbeitsmigration und die Reaktionen der Pädagogik stellen wichtige Phasen dar, die für die historische Einordnung der interkulturellen Kompetenz wichtig sind.

Im Anschluss an die historische Einordnung der interkulturellen Kompetenz wird im dritten Kapitel die Frage beantwortet, was unter interkultureller Kompetenz im Allgemeinen zu verstehen ist. Der Kompetenzbegriff hat durch die Veränderungen der Arbeitswelt in der beruflichen Bildung an Bedeutung gewonnen. Zu Beginn dieses Kapitels wird auf den Kompetenzbegriff als einen Baustein interkultureller Kompetenz eingegangen. Interkulturelle Kompetenz beschreibt sich als die Fähigkeit, zwischen den Kulturen sensibel kommunizieren zu können. Menschen aus verschiedenen Kulturen besitzen verschiedene Identitäten, die durch ihre kultu-

---

[1] In diesem Buch wird zur besseren Lesbarkeit überwiegend die männliche Ausdrucksform verwendet. Mit der männlichen Ausdrucksform sind in der Regel beide Geschlechter gemeint.

relle Prägung bestimmt sind. Sie lernen mit- und voneinander. Aus diesem Grund stellen die Begriffe Kultur und Identität zentrale Bausteine interkultureller Kompetenz dar und werden in diesem Kapitel beschrieben. Anschließend erfolgt die Klärung und Bedeutung der Begriffe Vorurteil, Stereotype, Ethnie und Ethnozentrismus, die durch das Aufeinandertreffen der unterschiedlich geprägten Menschen in kulturellen Überschneidungssituationen von Bedeutung sind. Die Ausführungen dieses Kapitels zeigen Interdependenzen der vorgenannten Begriffe auf, die wiederum den Ansatzpunkt interkulturellen Lernens darstellen. Der Prozess des interkulturellen Lernens, der sich aus der Interkulturellen Pädagogik entwickelte, befasst sich mit dem personalen Entwicklungsprozess und zielt auf eine Verbesserung der Wahrnehmungsstrukturen von der Eigen- zur Fremdkultur ab. Das Ergebnis dieser Verbesserung ist der Erwerb interkultureller Kompetenz. Im letzten Abschnitt dieses Kapitels wird die Terminologie ‚interkulturelle Kompetenz' definiert und das Verständnis im Rahmen dieses Buches festgelegt.

Die Kapitel zwei und drei haben die Fragen nach der historischen Entwicklung und nach dem Verständnis interkultureller Kompetenz beantwortet. Im Rahmen dieses Buches wird insbesondere die interkulturelle Kompetenz von Jugendlichen mit Migrationshintergrund thematisiert. Das vierte Kapitel behandelt die Fragestellung, ob Jugendliche mit Migrationshintergrund im deutschen Bildungssystem benachteiligt sind. Um diese Frage zu beantworten, sind zunächst die Begriffe Migration und Migrationshintergrund zu erläutern, an die sich die Definition der in diesem Buch zu betrachtenden Gruppe der Jugendlichen mit Migrationshintergrund anschließt. Benachteiligungen werden oft mit der sogenannten Schwellenproblematik erklärt, die an den Übergängen von der Schule in die Ausbildung (1. Schwelle) und von der Ausbildung in den Beruf (2. Schwelle) auftreten. Aus diesem Grund wird im weiteren Verlauf dieses Kapitels vor dem Hintergrund der Gruppe der Jugendlichen mit Migrationshintergrund zunächst der Begriff Benachteiligung erläutert und die Hauptakteure der beruflichen Bildung bzw. die öffentlichen und privaten Träger benannt. Darauf folgt eine Untersuchung des Bildungsstandes und der Bildungsbeteiligung an den genannten Übergängen auf Benachteiligungen der Migrantenjugendlichen. Mögliche Erklärungen für die Benachteiligungen der Jugendlichen mit Migrationshintergrund liefern verschiedene Ansätze am Schluss des Kapitels.

Das fünfte Kapitel behandelt unter Bezugnahme der Erkenntnisse der vorangegangenen Kapitel die beiden zentralen Fragestellungen dieses Buches: Besitzen Jugendliche mit Migrationshintergrund interkulturelle Kompetenzen und verbessert der Einsatz dieses speziellen Potenzials die Bildungslage der jugendlichen Migranten im deutschen Bildungssystem und damit ihre Integrationschancen? Um die Fragestellungen zu beantworten wird zunächst auf die Kulturkonflikt- und Defizithypothese eingegangen. Die schlechteren Bildungsverläufe der Migrantenjugendlichen sind bisher mit dem Kulturkonflikt und den sprachlichen Defiziten begründet worden. Im ersten Abschnitt dieses Kapitels erfolgt aus der Kritik an der Kulturkonflikt- und Defizithypothese die Hinwendung zu den Ressourcen und Potenzialen der Jugendlichen mit Migrationshintergrund, denen nach Meinung der Bundesregierung und des Bundesinstitutes für Berufsbildung (BIBB) zu wenig Beachtung geschenkt wird. Interkulturelle Kompetenzen sind Bestandteil der Potenziale der jungen Migranten. Mit dem Forschungsprojekt ‚Interkulturelle Kompetenzen von Jugendlichen mit Migrationshintergrund: Bestimmung und beruflicher Nutzen' wird erstmals der Versuch unternommen interkulturelle Kompetenzen der Migrantenjugendlichen zu bestimmen und den Einsatz dieser speziellen Kompetenzen im Berufsalltag zu beweisen. Die Ergebnisse des Forschungsprojektes liefern eine Basis für eine nachhaltige Verbesserung der Bildungsbeteiligung der jungen Migranten durch die Erfassung interkultureller Kompetenzen. Durch Kompetenzfeststellungsverfahren wird am Schluss dieses Kapitels ein möglicher Weg beschrieben, den interkulturellen Kompetenzerwerb in einen biografischen Zusammenhang zu stellen und mithilfe der Kompetenzfeststellungsverfahren nachhaltig zu identifizieren.

2 Die Historische Entwicklung zur interkulturellen Kompetenz

Das folgende Kapitel behandelt die historische Entwicklung zur interkulturellen Kompetenz. Am Anfang dieses Kapitels wird auf die Problematik des korrekten Sprachgebrauchs in der interkulturellen Bildung und Erziehung eingegangen und wie sich hieraus die Bezeichnung ‚Migranten' durchsetzte. Die Lokalisierung der Entstehung der interkulturellen Kompetenz beginnt mit der Arbeitsmigration in den 1950er und 1960er Jahren. In den 1970er und 1980er Jahren bis heute reagierte die Pädagogik mit der Ausländerpädagogik und der Interkulturellen Pädagogik auf die Arbeitsmigration und die Tatsache, dass Deutschland zu einem Einwanderungsland wurde. Die Darstellung dieser Phasen, sind ebenfalls Gegenstand dieses Kapitels. Die interkulturelle Kompetenz entwickelte sich schließlich aus der Entstehung und Etablierung der Interkulturellen Pädagogik. Am Ende dieses Kapitels können fünf Phasen identifiziert werden, die die Entwicklung zur interkulturellen Kompetenz beschreiben.

2.1 Das Problem des korrekten Sprachgebrauchs

Im Bereich der interkulturellen Bildung und Erziehung setzt man sich sehr schnell dem Vorwurf des falschen Sprachgebrauchs aus. Die Gründe hierfür liegen darin, dass die Begriffe entweder nicht mehr dem aktuellen Diskussionsstand entsprechen oder der Gebrauch von Gruppenbezeichnungen wie bspw. ‚Ausländer' als diskriminierend und ausgrenzend betrachtet wird. Die Schwierigkeiten lassen sich auf die Migrationspolitik und auch auf die gesellschaftliche Entwicklung zurückführen. Zum einen ist die Bezeichnung ‚Ausländer' unter den Antirassisten nicht geduldet, zum anderen ist es schwierig, die schon seit vielen Jahren in Deutschland lebenden oder aufgewachsenen Menschen als Ausländer zu bezeichnen. Der Gebrauch des Begriffs ‚Ausländer' gibt in den meisten Fällen den Rechtsstatus und die Lebenslage der Menschen an (vgl. AUERNHEIMER 2005[4], 22f.).

Inzwischen hat sich der Terminus ‚Migranten' in der deutschen Fachdiskussion eingebürgert, der Unentschiedenheiten einer Politik widerspiegelt, die von der fehlenden Akzeptanz der Einwanderung geprägt ist. Konsequenterweise sollte wie in Großbritannien von ‚Immigranten' gesprochen werden, anstatt die Menschen als ‚Zuwanderer' zu bezeichnen. Hierfür fehlten jedoch in Deutschland die entsprechenden politischen und rechtlichen Voraussetzungen (vgl. a.a.O., 23).

In der pädagogischen Fachdiskussion hat man sich mittlerweile auf die Begriffe ‚Migranten-kinder' und ‚Migrantenjugendliche' verständigt. Allerdings ist die Verwendung dieser Termi-nologie mit dem Einwand verbunden, dass sie mit zunehmender Aufenthaltsdauer und Gene-rationenfolge als inadäquat bezeichnet werden kann. Bei der Suche nach begrifflichen Alter-nativen, die den Sachverhalt adäquat widerspiegeln sollen, setzt sich allerdings die Bezeich-nung ‚Migrantenkinder' durch. Diese Terminologie berücksichtigt den Migrationskontext der Kinder. Im wissenschaftlich pädagogischen Diskurs geht es zudem um die Frage, inwieweit zwischen der ersten, zweiten und dritten Generation der Einwanderer unterschieden werden soll, weil gerade im Hinblick auf die Integration eine differenzierte Förderung der deutschen Sprache notwendig ist. Die Schwierigkeit verdeutlicht sich zudem in Fällen der Pendelmigra-tion oder im Nachzug von Familienangehörigen (vgl. ebda.).

Weiterhin problematisch erscheint die Unterscheidung zwischen ‚Migranten' und ‚Einheimi-schen'. Die Schwierigkeit liegt darin begründet, dass Migranten einerseits vielfach als ein-heimisch angesehen werden, während andererseits mit der Bezeichnung ‚Deutsche', wenn es um den Rechtsstatus geht[2], auch Immigranten mit dem Status ‚Aussiedler' zusammengefasst sind. Allerdings bezeichnet man unter dem Rechtsstatus ‚Deutsche' auch die mittlerweile rund 1 Million eingebürgerten Ausländer. Hinzu kommt die fragwürdige Bezeichnung der ‚ethnisch' Deutschen, die unaufhebbare Differenzen aufbaut und die Problematik das Sprach-gebrauchs verdeutlicht (vgl. ebda.).

In den folgenden Kapiteln wird der unterschiedliche Sprachgebrauch deutlich, der aber den jeweiligen Entwicklungsstand der Terminologie wiedergibt.

2.2   Die Ausländerpädagogik

Um die Entstehung der Ausländerpädagogik einzuordnen, ist zunächst ein Rückblick in die 1950er und 1960er Jahre notwendig, denn die Ausländerpädagogik und die sich daraus entwi-ckelnde Interkulturelle Pädagogik gehen auf die Folgen der Arbeitsmigration zurück (vgl. AUERNHEIMER 1996, 9). Die Bundesrepublik Deutschland litt in der Zeit des Wirtschaftswun-ders unter einem akuten Arbeitskräftemangel und entschied sich, Arbeitskräfte aus dem Aus-land anzuwerben. Daraus resultierten die Anwerbeabkommen mit Italien (1955), Spanien und

---

[2] vgl. auch Art. 116 Grundgesetz (GG) (DEUTSCHER BUNDESTAG, 2006)

Griechenland (1960), der Türkei (1961), Tunesien und Marokko (1965) und Jugoslawien (1968). (vgl. BÖHM/ BÖHM/ DEISS-NIETHAMMER 1999, 13). Die Zahl der ausländischen Gastarbeiter stieg bis zum Jahr 1973 insgesamt auf 2.595.000 an, wobei die türkischen Gastarbeiter die größte Gruppe darstellten (vgl. HERBERT 2003, 224)

In der Zeit der Anwerbeperiode von 1955 bis 1973 ging man davon aus, dass die damals so genannten Gastarbeiter nach einigen Jahren wieder in ihr Heimatland zurückkehren würden, was sich wohl auch mit der Absicht der Gastarbeiter deckte. Sie suchten nach einer sicheren Existenz und wollten im Ausland Geld verdienen, um sich schließlich in ihrem Heimatland selbstständig machen zu können. Darüber hinaus existierten auch politische und religiöse Beweggründe (vgl. BÖHM/ BÖHM/ DEISS-NIETHAMMER 1999, 13).

Dieses so genannte ‚Rotationsprinzip' der damaligen Bundesregierung sollte den Aufenthalt der ausländischen Arbeitskräfte auf wenige Jahre begrenzen. Das Rotationsprinzip war jedoch nicht realisierbar, weil die ausländischen Arbeiter ihre Familien nach Deutschland holten. Als Folge des vermehrten Familiennachzugs sprach die Bundesregierung 1973 den Anwerbestopp aus. Ein Familiennachzugsverbot konnte aus innen- und außenpolitischen sowie humanitären Gründen nicht umgesetzt werden. Die Betriebe waren in den meisten Branchen mit vielen ausländischen Arbeitskräften besetzt und hätten viel Zeit benötigt, um neue Arbeitskräfte einzuarbeiten. Die Existenz der Betriebe wäre damit gefährdet gewesen. Gleichwohl hätten die ausländischen Arbeitsmigranten nur wenig Geld sparen können, um sich in ihrem Heimatland ein neues Leben aufzubauen (vgl. REVIERE 1998, 14).

Neben der Politik reagierte auch die Pädagogik in den 1960er Jahren kaum auf die Probleme der Arbeitsmigration. Die pädagogischen Institutionen gingen ebenfalls davon aus, dass der Aufenthalt der Gastarbeiter zeitlich begrenzt war. Für die Bildungspolitik war der typische Gastarbeiter jung, ledig und hatte seine Familie meistens in der Heimat zurückgelassen, was nicht der Realität entsprach. Der vermehrte Familiennachzug, war 1964 der Auslöser für die Einführung der Schulpflicht für die ausländischen Kinder. Aufgrund der anfangs geringen Anzahl der schulpflichtigen ausländischen Schüler sahen die Schulverwaltungen jedoch nicht die Notwendigkeit, auf ihre spezielle Situation einzugehen. Selbst in der Bildungsreformdebatte der 1960er und 1970er Jahre, die eine strukturelle Erneuerung in Form von mehr Differenzierung und Individualisierung und der Überwindung des dreigeteilten Schulsystems als vorrangiges Ziel ansah, wurde die Situation der Schüler mit Migrationshintergrund nicht berücksichtigt. Der Eindruck der Ignoranz gegenüber den zugewanderten Migranten verstärkte

sich dadurch. In der Bildungsreformdebatte wurden weitere wichtige Themen wie beispielsweise die einseitige Mittelschicht-Orientierung der Schule, die Sprachbarrieren der Arbeiter-
kinder und deren soziale Integration ignoriert. Eine Übertragung auf die Problematik der ausländischen Schüler hätte sich aufgrund des vermehrten Familiennachzugs und der damit steigenden Anzahl ausländischer Schüler nahezu aufdrängen müssen (vgl. AUERNHEIMER 2005[4],
35).

Die Situation veränderte sich Anfang der 1970er Jahre. Die Anzahl der ausländischen Schüler
hatte sich von 5000 im Jahre 1964 auf 50.000 im Jahr 1970 verzehnfacht. Die Politiker und
Pädagogen reagierten mit der Einrichtung von Vorbereitungsklassen, in denen zunächst die
sprachlichen Defizite überwunden werden sollten. Daher fokussierten sich die Inhalte vorwie-
gend auf das Erlernen der deutschen Sprache mit dem Ziel der schnellen schulischen Integration der ausländischen Kinder (vgl. REVIERE 1998, 16).

Die Wahrnehmung der Problematik ausländischer Schüler zeigte sich in den ersten Veröffentlichungen ‚Gastarbeiter in deutschen Schulen' von KOCH (1970) und dem ‚Gutachten zur
Schul- und Berufsausbildung der Gastarbeiterkinder' von Hermann MÜLLER (1971). Besonders hervorgehoben werden muss in diesem Zusammenhang der ebenfalls von MÜLLER veröf-
fentlichte Sammelband ‚Ausländerkinder in deutschen Schulen'. MÜLLER identifizierte hierin
die sprachlichen Defizite als Hauptproblem, wodurch die Pädagogik die Notwendigkeit der
Entwicklung einer Zweisprachendidaktik erkannte (vgl. AUERNHEIMER 2005[4], 37f.).

In der folgenden Zeit zeigte sich jedoch, dass die Probleme allein mit dem Abbau der Sprach-
defizite nicht gelöst werden konnten. Neben der Integration der Kinder ausländischer Herkunft sollte ihnen zusätzlich die Rückkehr in ihr Heimatland offen gehalten werden. Diese
Aufgabe übernahm in der Regel der ergänzende muttersprachliche Unterricht, der von ausländischen Lehrern geleitet wurde. Die Ziele der schulischen Integration und die Erhaltung der
kulturellen Identität[3] galten seit dem Beschluss der Kultusministerkonferenz (KMK) 1976 als
wesentliche Merkmale der Ausländerpädagogik. Diese so genannte Doppelstrategie war für
die Pädagogik maßgebend, deren Umsetzung von methodischen Innovationen geprägt war
(vgl. AUERNHEIMER 2005[4], 38). Aufgrund der immer länger werdenden Aufenthaltsdauer der
ausländischen Schüler sah man die Aufgabe darin, den Schülern sehr schnell die deutsche
Sprache zu vermitteln. Hieraus entwickelte sich zudem „[…] eine spezielle Didaktik des

---

[3] Siehe dazu Kapitel 3.2.4

Deutschen als Zweitsprache […]" (NIEKE 1995, 14). Die Aufgabe, sehr schnell Deutsch zu lernen, erforderte eine schulorganisatorische Neuerung der eingeführten Vorbereitungsklassen durch die KMK. Sie überlegte, wie die Migrantenkinder erfolgreich in das Regelsystem der Schule integriert werden konnten. Zu diesem Zweck bildete man Lerngruppen für ausländische Schüler, die so lange zusammen blieben, bis die deutsche Sprache erlernt worden war und die Migrantenkinder dem Unterricht in der Regelschule folgen konnten. Den muttersprachlichen Ergänzungsunterricht nahm man entsprechend der bereits angesprochenen Doppelstrategie von diesen Überlegungen aus. Neben dem Unterrichtsfach Deutsch wurden weiterhin andere zentrale Sachfächer unterrichtet, damit die ausländischen Schüler nicht den Anschluss an das festgelegte Curriculum verloren. Die Pädagogik verstand ihre Aufgabe, die Migrantenkinder in das deutsche Schulsystem zu integrieren, als Kompensationsaufgabe. Nach der sprachlichen Kompensation entstanden durch die Zusammenführung ausländischer und deutscher Schüler neue Aufgaben einer gemeinsamen Unterrichtung. Im Mittelpunkt dieser neuen Aufgaben standen Probleme, die sich aus dem Aufeinandertreffen unterschiedlicher Kulturkreise ergaben (vgl. ebda.).

Im Bereich der Erziehung und Bildung wurde bisher nach Schulpädagogik, Sozialpädagogik und Erwachsenenbildung differenziert. Durch die Hinwendung zu allen Zielgruppen, in denen im Besonderen die Lebenslage und die speziellen Bedürfnisse der Migranten (bspw. auch Jugendliche, Arbeiter) thematisiert wurden entstanden auch hier spezielle Handlungskonzepte. Zu den bisherigen Aufgabenkonstellationen (Schul- und Sozialpädagogik und Erwachsenenbildung) kam eine spezielle Zielgruppenpädagogik hinzu (vgl. a.a.O., 14f.).

2.3   Die Kritik an der Ausländerpädagogik

Die Ausländerpädagogik wurde nach NIEKE auch als ‚Ausländer-Sonderpädagogik' kritisiert. Diese Kritik richtete sich dabei an die Stigmatisierung der Arbeitsmigranten. Mit dem Vergleich der Ausländerpädagogik zur Ausländer-Sonderpädagogik wird nicht nur die Abgrenzung des Sonderschulwesens im deutschen Schulsystem deutlich, sondern auch auf den stigmatisierenden Effekt dieses Vergleiches hingewiesen. Mit dieser Kritik an der Ausländerpädagogik begann ein neuer Versuch in der damaligen wirtschaftlichen Rezession, den sozialen Missständen, denen die Arbeitsmigranten ausgesetzt waren, entgegenzuwirken. Als Konsequenz dieser Feststellung wurde in der öffentlichen Diskussion die Integration der Arbeitsmigranten in das deutsche Bildungssystem gefordert. (vgl. NIEKE 1995, 15f.). Damit entwickelte sich eine Kontroverse um eine neue Problemdefinition und Aufgabe der Pädagogik (vgl. AUERNHEIMER 2005[4], 38).

Die Arbeitsmigranten und ihre Familien wurden aufgrund der nachlassenden Bedeutung der Altindustrie (Textil- und Metallindustrie) zunehmend am Arbeitsmarkt benachteiligt, womit sich das Augenmerk der Reformbemühungen nicht nur auf die schulische, sondern auch auf die außerschulische Praxis konzentrierte. Im Zuge der wachsenden Bedeutung der außerschulischen Praxis standen die pädagogischen Arbeitsfelder Sozialarbeit und außerschulische Jugendarbeit im Fokus der Weiterentwicklung (vgl. a.a.O., 39).

Die Kritik an der Ausländerpädagogik hatte 1980 auf einer Jahrestagung des Verbandes für Initiativgruppen in der Ausländerarbeit (VIA) unter dem Motto ‚Wider der Pädagogisierung der Ausländerprobleme!' ihren Ursprung. Hier wurden neue Problemdefinitionen und Aufgaben der Pädagogik diskutiert (vgl. a.a.O., 38; vgl. auch NIEKE 1995, 15). Das neue Ziel war die Forderung nach einer ‚Pädagogik des Ausgleichs von Benachteiligungen' (HAMBURGER 1983, 273). Demnach sollte die an Minderheiten orientierte Ausländerpädagogik durch Bemühungen um Chancengleichheit für sozial strukturell Benachteiligte ersetzt werden (vgl. BOOS-NÜNNING U.A. 1983, 340ff.; vgl. auch NIEKE 1995, 16). Die bisherigen Leitgedanken der Ausländerpädagogik, Förderkonzepte zu entwickeln, die die Defizite der ausländischen Kinder und Jugendlichen im Vergleich zu den einheimischen feststellen und beheben sollten, standen nicht mehr im Vordergrund. Die Kritik galt dem leitenden Zielbegriff der Integration und dessen Verankerung in den Förderkonzepten. Den Integrationsbemühungen der Pädagogik wurde die Absicht unterstellt, zu einer Assimilation[4] oder Akkulturation[5] zu führen, was in zweierlei Hinsicht begründet wurde: Einerseits bestand eine Diskrepanz zwischen dem Integrationskonzept und dem ursprünglich vorgesehenen Rotationsprinzip. Andererseits sollte keine Majoritätskultur dominieren, in der sich die Minderheiten umstandslos akkulturieren. Im Vordergrund der Überlegungen für eine neue Problemdefinition sollte die Gleichheit der Kulturen stehen (vgl. NIEKE 1995, 16). Im Zuge der Anfang der 1980er Jahre einsetzenden wirtschaftlichen Rezession verschob sich der Blick von den beschriebenen pädagogischen Integrationsbemühungen zu den gesellschaftlichen Ursachen, insbesondere auf den politischen

---

[4] Assimilation bedeutet, die eigene Kultur aufzugeben und sich der Kultur der Aufnahmegesellschaft anzupassen (vgl. ARBEITSHILFEN FÜR POLITISCHE BILDUNG 2000[2], 356).

[5] Akkulturation bedeutet die Übernahme von Elementen einer fremden Kultur ausgehend von einer längeren Aufenthaltsdauer in einer Aufnahmegesellschaft. Akkulturation bedeutet auch ein ‚in die fremde Kultur hineinwachsen' durch Lernen der Kultur (vgl. a.a.O., 355).

Bereich. Der Vorwurf an die Politik lautete, dass sie glaube, dass mit vorschnellen pädagogischen Hilfsangeboten die Integrationsproblematik der Migranten gelöst sei. In Wirklichkeit sei die diese Problematik aber politisch erzeugt und müsse daher auch mit politischen Mitteln gelöst werden. Der Aufsatz von HAMBURGER/SEUS/WOLTER von 1981 mit dem Titel ‚Über die Unmöglichkeit, Politik durch Pädagogik zu ersetzen' verdeutlichte nochmals die Benachteiligung der Arbeitsmigranten und sorgte bei den Pädagogen für Ernüchterung (vgl. a.a.O., 15).

2.4   Die Interkulturelle Pädagogik

Die Kritik an der Ausländerpädagogik und die Einsicht, dass Deutschland zu einem Einwanderungsland geworden war, legte die Basis für die Entwicklung des Konzepts einer Interkulturellen Pädagogik in einer multikulturellen Gesellschaft (vgl. GRIESE 2002, 7).

Im Folgenden wird die Entstehung und Ausdifferenzierung der Interkulturellen Pädagogik beschrieben. Anschließend wird auf die Rolle der Interkulturellen Pädagogik in der Bildungs- und Sozialpolitik eingegangen und wie die Entscheidungen und Empfehlungen der mittlerweile anerkannten Wissenschaftsdisziplin im Umgang mit den Migranten daraufhin kritisiert wurden.

2.4.1   Die Entstehung der Interkulturellen Pädagogik

Die berufliche Bildung gewann Ende der 1970er, Anfang der 1980er Jahre an Bedeutung. Durch die Bildung neuer Diskussionsschwerpunkte entstanden wiederum neue Schwerpunkte in der Forschungsförderung. Eine von dem damaligen Ministerpräsidenten Nordrhein-Westfalens, Heinz KÜHN, geleitete regierungsamtliche Kommission sprach die Empfehlung aus, sich verstärkt um die Integration der zweiten Migrantengeneration zu bemühen. Die Vorschläge galten der Verbesserung des Berufseinstiegs der Migranten. In der Literatur wird dieser Abschlussbericht von 1976 als ‚Kühn-Memorandum' bezeichnet (vgl. AUERNHEIMER 2005[4], 39).

In den frühen 1980er Jahren wuchs in der wissenschaftlichen Öffentlichkeit die Einsicht, dass die Bundesrepublik Deutschland zu einem Einwanderungsland geworden war. Diese Ansicht war bereits in den Leitgedanken des Kühn-Memorandums verankert. Jahrzehnte lange Forderungen des Memorandums waren das Optionsrecht auf Einbürgerung, eine größere Rechtssicherheit und das Kommunalwahlrecht für Ausländer. Die Forderungen der Kommission um Heinz KÜHN blieben jedoch zunächst folgenlos (vgl. ebda.).

Den entscheidenden Wandel in der sozialwissenschaftlichen Diskussion kennzeichnet HAMBURGER (1983) mit dem Aufsatz ‚Übergang von Gastarbeiterbeschäftigung zur Einwanderung'. Die Ausführungen von HAMBURGER wurden zum Anlass genommen, sich stärker nach Ansätzen der Migrationsforschung und pädagogischen Konzepten in anderen Einwanderungsländern umzusehen. Daraus entstanden beispielsweise Publikationen von ESSER (1980) und HECKMANN (1981), die sich der Migrationsforschung in den USA widmeten. Vor allem die Publikation von HECKMANN (1981) mit dem Titel ‚Die Bundesrepublik – ein Einwanderungsland?' gab der Pädagogik entscheidende Anreize, die Migrantenkulturen zu würdigen (vgl. ebda.).

Weitere Konsequenzen der Kritik an der Ausländerpädagogik schlugen sich bei den meisten Autoren (HOHMANN, NIEKE, VINK) in einer Differenzierung zwischen der Förderpädagogik für ausländische Kinder und Jugendliche und der neuen Aufgabe, auf ein Leben in einer zukünftigen multikulturellen Gesellschaft vorzubereiten, nieder. Diese Aufgabe wurde als ‚Interkulturelle Erziehung' oder anfangs in der Erwachsenenbildung als ‚interkulturelles Lernen' bezeichnet. Diese Termini führte VINK bereits 1974 ein, während sie aber allgemein erst ab 1978 häufiger Verwendung fanden (vgl. HOHMANN 1989, 4; vgl. auch NIEKE 1995, 19).

Der Begriff Interkulturelle Pädagogik wurde nach GRIESE erstmals 1981 von ESSINGER aufgegriffen (vgl. GRIESE 2005, 13). Die vorgenannten Begriffe Interkulturelle Pädagogik, Interkulturelle Erziehung und interkulturelles Lernen werden in der Literatur oftmals synonym verwendet (vgl. a.a.O., 11).

2.4.2 Die Ausdifferenzierung der Interkulturellen Pädagogik

Die Voraussetzung für die Vorbereitung auf ein Leben in einer multikulturellen Gesellschaft war, dass die immigrierten Minderheiten keinen Akkulturationsprozessen unterworfen waren und ihr Leben uneingeschränkt unter der Akzeptanz der Majorität fortsetzen konnten. Mit der Fokussierung auf die Migrantenkinder versuchte die Interkulturelle Erziehung, die in den Konjunkturabschwüngen entstandene Feindlichkeit abzubauen (vgl. NIEKE 1995, 16f.).

Folglich standen die Entwicklung von Projekten und Ideen im Vordergrund, die unter dem Namen ‚Interkulturelle Erziehung' Verbreitung fanden. Daraus leiteten sich zwei unterschiedliche Richtungen ab. Die Voraussetzung für den Ansatzpunkt der Interkulturellen Erziehung waren interkulturelle Begegnungen, die zum einen durch die kulturelle Vielfalt als Bereicherung zu verstehen waren, zum anderen als Konfliktbewältigung zwischen den Kulturen (vgl. AUERNHEIMER 2005[4], 40). GROSCH/LEENEN sprechen in diesem Zusammenhang auch von der Ambivalenz der Begegnungspädagogik und der Konfliktpädagogik (vgl. 2000[2], 18). Im Hinblick auf die unterschiedlichen Entwicklungsrichtungen stellten sich bald Fragen nach dem Kulturbegriff, dem Unterschied zwischen Herkunfts- und Migrantenkulturen und dem Stellenwert der kulturellen Differenz und Identität. Hinzu kam die Konfrontation mit der Kontroverse Kulturrelativismus versus Universalismus (vgl. AUERNHEIMER 2005[4], 40). Nach NIEKRAWITZ geht der Kulturrelativismus „[…] von der generellen, also auch zukünftigen Koexistenz mehrerer, unterschiedlicher Einzelkulturen [aus, R.L.], die ihrerseits als grundsätzlich gleichwertig zu verstehen sind" (1991[2], 35). Der Universalismus hingegen versucht diverse Einzelkulturen als notwendige Durchgangsstadien im Laufe eines Prozesses zu beschreiben, dessen Ziel die Entfaltung einer universalen, kosmopolitischen Weltgesellschaft ist (vgl. a.a.O., 35f.).

In den 1980er Jahren entwickelte aus der breiten Ablehnung der Ausländerpädagogik eine Debatte, die sich durch zwei unterschiedliche Linien charakterisierte. In der wissenschaftlichen Diskussion versuchte man Aspekte der rechtlichen und sozialen Diskriminierung zu identifizieren und sah die Lösung in der strukturellen und sozialen Integration. Gleichzeitig ließ diese Behauptung kulturelle Fragen in den Hintergrund treten. Gestützt wurde die Position von HAMBURGER (1986) und RADTKE (1995), die ausführten, dass die eigentlichen Probleme mit der Beschränkung auf den Kulturkonflikt nur verdeckt würden. Entgegen dieser Annahme wurden Positionen in der erziehungswissenschaftlichen Diskussion vertreten, die in der Interkulturellen Erziehung die Aufgabe sahen, das interkulturelle Verständnis zu fördern und damit die Diskriminierung abzubauen und zur Verständigung beizutragen. Während dieser Kontroverse in den 1980er Jahren traten erstmals Vertreter der Minderheiten mit der Forderung an die Öffentlichkeit, die Muttersprachen und den Bildungsgang der Migrantenkinder stärker zu berücksichtigen. Die Bundesarbeitsgemeinschaft der Immigrantenverbände (BAGIV 1985) forderte sogar eine bilinguale-bikulturelle Bildung, was aber unter den gegebenen Umständen keine Chance zu einer breiten Umsetzung fand (vgl. AUERNHEIMER 2005[4], 40).

Durch die stark steigende Anzahl der Aussiedler aus Osteuropa verstärkte sich in der Öffentlichkeit die Forderung an die Pädagogik, nach Lösungen für den Umgang mit den Minderheiten zu suchen. Allerdings sah die Interkulturelle Erziehung darin noch keine Aufgabe, da die Einwanderer die deutsche Staatsbürgerschaft besaßen und als Deutsche angesehen wurden. Später entdeckte die Pädagogik aufgrund anderer historischer Erfahrungen kulturelle Unterschiede und lenkte die Aufmerksamkeit auf entstehende kulturbedingte Konflikte und Diskriminierungen. Im Prinzip durchlief die wissenschaftliche Öffentlichkeit den gleichen Prozess wie bei den ‚Gastarbeiterkindern' (vgl. ebda.).

In den 1990er Jahren stand die Debatte über jugendlichen Rechtsextremismus im Mittelpunkt der pädagogischen Diskussion, ohne sich allerdings an dem öffentlichen Diskurs der Interkulturellen Erziehung zu beteiligen. Beide Diskurse unterscheiden sich bis heute, weil Konzepte Interkultureller Erziehung überwiegend für die Schule entworfen wurden und das Thema antirassistische Erziehung im Kontext des jugendlichen Rechtsextremismus die Aufgabe der Jugendarbeit darstellte. Dem Rechtsextremismus verliehen Überfälle auf Flüchtlingsunterkünfte, Wohnungen und Geschäfte von Immigranten ungewollte Popularität und lösten eine breite Diskussion über mögliche Handlungsstrategien zur Bekämpfung der Überfälle aus. Durch die Übernahme der Rassismustheorien aus Großbritannien, Frankreich und den Niederlanden entstand ein eigener deutscher wissenschaftlicher Diskurs zu Rassismus und antirassistischer Arbeit, an dem sich auch Wissenschaftler mit eigenem Migrationshintergrund beteiligten (vgl. a.a.O., 41).

Einen wichtigen Ansatz in der Weiterentwicklung der Interkulturellen Erziehung lieferte die Deutsche Forschungsgemeinschaft mit dem Programm für den Forschungsschwerpunkt FABER (Folgen der Arbeitsmigration für Bildung und Erziehung). Der Leitgedanke des Programms war die wissenschaftliche Hinwendung zu den pädagogischen Institutionen und deren Defiziten. Damit war ein weiterer entscheidender Perspektivwechsel vollzogen (vgl. GRIESE 2005, 18).

Gleichzeitig wurde mit der Diskussion um die interkulturelle Öffnung der sozialen Dienste eine Debatte entfacht. Ein von dem Bundesministerium für Arbeit und Soziales in Auftrag gegebenes Gutachten belegte, dass die Sozialberatung der Wohlfahrtsdienste mit den Folgen der Immigration überlastet war. Zudem war die Arbeitsteilung zwischen dem Allgemeinem Sozialen Dienst und der Sozialberatung für die Ausländer nicht mehr zeitgemäß. Aufgrund der Diskussion um die interkulturelle Öffnung der Institutionen entwickelte sich der Begriff ‚interkulturelle Kompetenz' für die pädagogischen Fachkräfte, der einen weiteren Fortschritt im Kontext der Folgen der Arbeitsmigration darstellt. Die Debatte um diesen neuen Leitbegriff eröffnete HINZ-ROMMEL (1994) mit dem Buch ‚Interkulturelle Kompetenz. Ein neues Anforderungsprofil für die Soziale Arbeit' (vgl. AUERNHEIMER 2005[4], 41f.).

Im Zuge der Etablierung und Ausdifferenzierung ab der Mitte der 1980 Jahre bis heute hat sich die Interkulturelle Pädagogik als mittlerweile anerkannte Wissenschaftsdisziplin, in das pädagogische Wissenschaftssystem und in die als multikulturell bezeichnete Gesellschaft eingeordnet. Während ‚internationale Verständigung', ‚Dialog der Kulturen', ‚Friedenserziehung', ‚antirassistische Erziehung', ‚Erziehung zur Toleranz' und ‚interkulturelle Kompetenz' der Pädagogik zugeschrieben werden können, beschreiben die ‚interkulturelle Öffnung' und die ‚institutionelle Diskriminierung' institutionenkritische und ‚Migration und Rassismus' gesellschaftskritische Bereiche der Interkulturellen Pädagogik. Die Begriffe ‚interkulturell' und ‚multikulturell' sind nicht nur in der pädagogischen, kultur- und sozialwissenschaftlichen Fachsprache etabliert, sie gehören ebenfalls zur Alltagssprache der Medien und der Politik (vgl. GRIESE 2005, 14).

2.4.3   Die Interkulturelle Pädagogik in der Bildungs- und Sozialpolitik

Die wissenschaftliche Diskussion ist nicht ohne Einfluss auf die Bildungs- und Sozialpolitik geblieben. Zwar ist die nationalstaatliche und monokulturelle Einstellung weitestgehend geblieben, doch sind curriculare, organisatorische und institutionelle Konsequenzen gezogen worden. Ein Beleg dafür ist die Entwicklung der Diskussion innerhalb der KMK. Die Empfehlung der KMK von 1979 zielte noch auf eine pragmatische Lösung der durch die Migration entstandenen Systemprobleme ab, während die Saarbrücker Erklärung der KMK zur Toleranz und Solidarität von 1992 den interkulturellen Gedanken aufnahm und eine Würdigung anderer Kulturen forderte. Im Jahr 1995 setzte die von der Landesregierung Nordrhein-Westfalens zusammengestellte Bildungskommission in ihrer Ausgabe zur ‚Zukunft der Bildung – Schule der Zukunft' die Leitidee der Interkulturellen Erziehung in curriculare Empfehlungen um, was auch ein Diskussionspapier der Hans-Böckler-Stiftung von 1999 zum Thema ‚Achtung der Verschiedenheit und Umgang mit Differenz' widerspiegelt. In dem Diskussionspapier wurden Kulturdifferenzen oder die Überlagerung kultureller und sozialer Probleme aufgegriffen, die der Forderung nach Chancengleichheit starken Ausdruck verliehen. Interkulturelle Kompetenz galt als Basiskomponente für die Persönlichkeitsbildung in der zukünftigen Gesellschaft (vgl. AUERNHEIMER 2005[4], 42f.).

Hervorgehoben werden müssen auch die KMK – Empfehlungen ‚Interkulturelle Bildung und Erziehung in der Schule' von 1996. Sie leiteten sich aus einem neuen globalisierten Weltverständnis ab, das die weltweite Vernetzung, die internationalen Verflechtungen und die Verschiedenheit zwischen Nord, Süd, West und Ost betraf. Die Kulturen wurden als Prozess, Vorurteile als gesellschaftlich bedingt betrachtet. Die KMK berücksichtigte die institutionellen Rahmenbedingungen bei der praktischen Umsetzung und die ausreichende Beachtung der Selbstreflexion der Schüler bei den Zielformulierungen. Zudem sollte die Beschäftigung nicht–deutscher Lehrkräfte erleichtert und eine Verbesserung der Kooperation mit Jugendeinrichtungen erreicht werden. In den Lehrplänen ist die interkulturelle Bildung mittlerweile nicht nur Bestandteil der Präambeln, sondern ist in den Richtlinien als interkulturelles Lernen in einem Aufgabengebiet deklariert (BÜHLER-OTTEN/ NEUMANN/ REUTER 2000) (vgl. a.a.O., 43).

2.4.4 Die Kritik an der Interkulturellen Pädagogik

Die Interkulturelle Pädagogik sah sich Kritik ausgesetzt. Nach GRIESE, der als einer der führenden Kritiker der Interkulturellen Pädagogik gilt, seien die Probleme der Ausländerpädagogik terminologisch, aber nicht im Grundsatz gelöst worden. Weiterhin stehe der Kulturbegriff im Mittelpunkt der Kritik, wobei sich ein vorhandener, aber noch nicht sichtbarer Kultur-Rassismus durch das gesamte Denken in interkulturellen Kategorien ziehe. Der Fokus sei immer noch auf kulturelle Differenzen gelegt, anstatt auf strukturelle Gewalt (vgl. 2005, 14f.). Auch HAMBURGER kritisiert hier die Kulturfixiertheit der Pädagogik. Die Begrifflichkeiten der Interkulturellen Pädagogik würden im Kontext der Lebenslage lediglich als Kulturprobleme definiert, aber damit nicht lösbar gemacht, sondern verschärft (vgl. 1995, 7f.). Um die Vielseitigkeit der Diskussion um die in die Kritik geratene Interkulturelle Pädagogik zu veranschaulichen, sei hier die Kritik von RADTKE erwähnt: RADTKE bezeichnet interkulturelles Lernen als neue Sozialtechnologie für die halbe Integration und die ganze Kontrolle der Migranten (vgl. 1992, 16).

Weiterhin weist GRIESE auf die problematische Terminologie in der Interkulturellen Pädagogik hin. Die Begriffe Kultur, Interkulturalität, multikulturelle Gesellschaft, Integration, Differenz, Toleranz, Ethnie, Fremdheit, Identität, ausländische Jugendliche, Dialog der Kulturen seien zwar zielbestimmend, dennoch könne der Kontext der Begriffe unterschiedlich verstanden werden. Beispielsweise bedeute Toleranz nach GOETHE eine Beleidigung. Der Begriff impliziere, dass man jemanden dulde, den man eigentlich ablehne. Auch die Bezeichnung Ethnie meine eigentlich nur den Glauben an etwas Gemeinsames, die sich in Form einer kollektiven Identität ausdrücke. Damit sei Ethnie, so GRIESE, ein soziales Konstrukt, ein Gemeinschaftsglaube und eine Zuschreibung. Zudem könnten nur Menschen in einen Dialog treten und nicht Kulturen (vgl. 2005, 15f.). Im Kontext dieser Begriffsproblematik spricht GRIESE von „Gefangen im ideologischen Netz der Terminologie" (2002, 159). GRIESE plädiert für eine ‚begriffliche Rekonstruktion' und die Rückkehr zu den soziologischen Klassikern SIMMEL (1908), PARK (1928) und SCHÜTZ (1944). Hierbei sei hervorgehoben, dass SIMMEL in Bezug auf das Fremde ohne die Verwendung des Kulturbegriffs auskomme, während PARK von einer Randpersönlichkeit spricht, aber auch vom Grenzbereich zwischen zwei Gruppen, Klassen oder Kulturen (vgl. 2005, 16).

Zusammenfassend kann die Arbeitsmigration in den 1950er und 1960er Jahren als auslösendes Moment für die Entwicklung zur Interkulturellen Pädagogik bezeichnet werden. Nach einer ersten Reaktion der Pädagogik mit der Einrichtung von Vorbereitungsklassen 1964 können nach GRIESE fünf Phasen der Entwicklung zur Interkulturellen Pädagogik identifiziert werden:

- Die ‚Gastarbeiterforschung' (ca. 1970 – 1975).

- Die ‚Ausländerpädagogik' (ca. 1976 – 1981).

- Die Kritik an der ‚Ausländerpädagogik' (ca. 1981 – 1985).

- Der Übergang zur ‚Interkulturellen Pädagogik' (Mitte der 1980er Jahre).

- Die Etablierung und Ausdifferenzierung der Interkulturellen Pädagogik (seit Ende der 1980er Jahre bis heute) (vgl. 2005, 12ff.).

Das sich aus der Interkulturellen Pädagogik entwickelte Konzept interkulturelle Kompetenz beschreibt sich als eine Modifikation der Interkulturellen Pädagogik und geht aus der Ausdifferenzierung der Interkulturellen Pädagogik hervor (vgl. Kap. 2.4.2). Mittlerweile ist abzusehen, dass sich die Terminologie interkulturelle Kompetenz als Konzept instituieren und durchsetzen wird, da der Kompetenzbegriff mittlerweile in allen pädagogischen Teilbereichen allgegenwärtig ist (vgl. GRIESE 2005, 20).

Im Zuge der im weiteren Verlauf dieses Buches darzulegenden Identifizierung dieser speziellen interkulturellen Kompetenzen ist zunächst das Verständnis interkultureller Kompetenz im

Allgemeinem von Bedeutung. Das folgende Kapitel geht ausführlich auf die Bausteine der interkulturellen Kompetenz ein.

3 Bausteine interkultureller Kompetenz

Im folgenden Kapitel wird der Fragestellung nachgegangen, was unter interkultureller Kompetenz im Allgemeinen zu verstehen ist. Hierbei ist zunächst das Verständnis von Kultur und Identität sowie der Begriffe Vorurteil, Stereotype, Ethnie und Ethnozentrismus von Bedeutung. Die Ausführungen dieses Kapitels zeigen Interdependenzen der vorgenannten Begriffe auf. Die Konstruktion der Identität wird durch eine sie umgebende Kultur geprägt, wodurch jeder Mensch eine kulturelle Identität durch bestimmte Denkens- und Verhaltensmuster entwickelt. Menschen, die in unterschiedlichen Ländern aufwachsen, besitzen unterschiedliche kulturelle Identitäten, die in kulturellen Überschneidungssituationen in einer multikulturellen Gesellschaft aufeinandertreffen. Hierbei entstehen durch unterschiedliche Normen, Werte, Denkens- und Verhaltensmuster Konflikte, in denen es zur Bildung von ethnozentrischen Einstellungen, Vorurteilen und Stereotypen kommt. Der Prozess des interkulturellen Lernens, der in einem weiteren Abschnitt dieses Kapitels beschrieben wird, hat genau hierin seinen Ansatzpunkt. Interkulturelles Lernen befasst sich mit dem personalen Entwicklungsprozess und zielt auf eine Verbesserung der Wahrnehmungsstrukturen von der Eigen- zur Fremdkultur ab. Das Ergebnis dieser Verbesserung ist der Erwerb interkultureller Kompetenz. Der letzte Abschnitt dieses Kapitels definiert den Begriff ‚interkulturelle Kompetenz' und legt sein Verständnis für dieses Buch fest.

3.1 Der Kompetenzbegriff

In der beruflichen Bildung haben sowohl Kompetenzen als auch die Kompetenzfeststellung und Kompetenzentwicklung immer mehr an Bedeutung gewonnen (vgl. BUNDESMINISTERIUM FÜR BILDUNG UND FORSCHUNG (BMBF) (2005, 88). In der Definition des Kompetenzbegriffes von ERPENBECK/ VON ROSENSTIEL heißt es:

> „Als Kompetenzen definiert man innere Voraussetzungen (Dispositionen), die jemand mitbringt, um in einer Situation selbstorganisiert zu handeln (2003, X). Nicht das Wissen selbst, sondern die Anwendung steht im Vordergrund. Daneben umfasst die Kompetenz aber auch Emotionen, Einstellungen, Erfahrungen, Antriebe, Werte und Normen" (a.a.O., XII).

Dabei geht es nicht um angeborene und festgelegte Persönlichkeitseigenschaften, sondern um erlernbare und trainierbare Eigenschaften von Personen (vgl. ebda.). Für BELZ/SIEGRIST ist daher der Kompetenzerwerb „[…] ein Lernschritt in der eigenen Persönlichkeitsentwicklung

[…], ein lebenslanger Prozess" (2000[2], 11). Der Kompetenzbegriff beschreibt die Zusammenführung des Bildungsbegriffs, der ohne Bezug auf den beruflichen Hintergrund interpretiert wird, und den Begriff der Qualifikation, der eindeutig der Berufs- und Arbeitswelt zugeschrieben werden kann. Der Kompetenzbegriff versucht die Diskrepanz zwischen Bildung und Qualifikation zu überwinden (vgl. GRIESE 2005, 20).

Die wachsende Bedeutung von Kompetenzen in der beruflichen Bildung findet ihre Ursache in der veränderten Arbeitswelt. Die Anforderungen in den Berufen haben sich geändert. Das gelernte und abgeprüfte Wissen im Berufsalltag einzusetzen steht nicht mehr im Fokus, sondern vielmehr die Fähigkeit, selbstständig zu handeln und im Team ständig neue Aufgaben zu bewältigen (vgl. BMBF 2005, 88).

Als Reaktion auf die veränderten Anforderungen entwickelte sich eine neue Lernkultur mit dem Ziel selbstorganisiertes Lernen in den Mittelpunkt zu stellen. Selbstorganisiertes Lernen bezieht nicht nur formale Bildungsprozesse, sondern auch Alltagskompetenzen mit ein, die für die Lebens- und Arbeitswelt von Bedeutung sind (vgl. ebda.).

Die folgenden Ausführungen behandeln die Bausteine interkultureller Kompetenz, die zu einer Definition des Begriffs führen. Neben den Begriffen Kultur und Identität wird auf den Prozess des interkulturellen Lernens eingegangen, der einen zentralen Baustein hinsichtlich des interkulturellen Kompetenzerwerbs darstellt.

3.2 Kultur und Identität

Zunächst werden einige Definitionen zum Kulturbegriff vorgestellt, da beim interkulturellen Kompetenzerwerb das Lernen zwischen Kulturen einen elementaren Bestandteil darstellt. Anschließend wird auf kulturelle Prägung und Enkulturation eingegangen, wobei die Manifestation der Kultur bei einem Individuum erläutert werden soll. Dadurch stellen sich allgemeine Kulturstandards heraus, die für jede Kultur eine unterschiedliche Bedeutung haben. Die Entstehung solcher Kulturstandards spielt in kulturellen Überschneidungssituationen eine wichtige Rolle, auf die anschließend eingegangen wird. In kulturellen Überschneidungssituationen kommt es zu interkulturellen Begegnungen, in denen Menschen miteinander kommunizieren, die unterschiedliche Identitäten besitzen und in Bezug auf ihre kulturelle Prägung unterschiedliche kulturelle Identitäten entwickelt haben. Durch Interaktion der Menschen können

Probleme des Wahrnehmens, Denkens und Fühlens entstehen, die sich durch Vorurteile, Stereotype und ethnozentrisches Verhalten äußern, worauf anschließend eingegangen wird.

3.2.1 Was ist Kultur?

Es gibt unzählige Definitionen von Kultur, deren Angabe und Erläuterung den Rahmen dieses Buches übersteigen würde. Die folgenden Ausführungen basieren auf dem erweiterten Kulturbegriff, wobei die Definition dem interkulturellen Kompetenzerwerb zugrunde liegt. Auf den Begriff interkulturelle Kompetenz wird an anderer Stelle des dritten Kapitels noch eingegangen.

Bei der Auseinandersetzung mit dem Kulturbegriff finden sich zunächst unterschiedliche Vorstellungen zwischen einer geschlossenen und einer offenen und freien Kultur.

Beispielsweise versteht HUNTINGTON Kultur als einen in sich geschlossenen Kreis. Dieser Annahme liegt seine These vom ‚Kampf der Kulturen' zugrunde. Dabei unterscheidet er zwischen sieben Kulturkreisen und beschreibt die Religion als ein bedeutendes Merkmal der Kulturkreise (vgl. 1996, 57ff.).

Nach Ansicht von DATTA ist diese Position nicht mehr vertretbar, da in den meisten Ländern mittlerweile mehr als eine Menschengruppe leben. DATTA belegt diese Behauptung mit dem Bericht des UNDP (United Nations Developement Programme), aus dem hervorgeht, dass mittlerweile in 110 von 182 Ländern Minderheiten leben, die ca. 25% der Gesamtbevölkerung ausmachen (vgl. 2005, 70).

In der Literatur finden sich mittlerweile über 150 Definitionen des Kulturbegriffes, die von KROEBER und KLUCKHOHN gezählt und verglichen wurden (vgl. THOMAS 2003, 21).

HANSEN zum Beispiel teilt den Kulturbegriff in vier Bereiche ein:

1. Kultur umfasst jene Gegenstände, mit denen sich der Kulturteil in anspruchsvollen Zeitungen beschäftigt. Hierzu gehören Oper, Theater, Literatur, bildende Kunst, Film, Architektur, Kunsthandwerk etc.

2. Kultur als eine bestimmte Lebensart. Diese zeichnet sich durch Humanität, Bildung, Geschmack, Manieren und schöngeistige Interessen aus.

3. Kultur als neutraler Begriff ist gleichbedeutend mit Brauchtum, Sitten und Manieren, Religion etc. Damit sind alle Eigenarten gemeint, die einem fremden Volk auffallen. In A-

merika bezeichnet man diese Bedeutung von Kultur als ‚way of life'. Zum Beispiel ist jede Jugendkultur als Subkultur zu bezeichnen und meint die besonderen Gewohnheiten und Verhaltensweisen eines bestimmten Milieus.

4. Mit Kultur ist in diesem Sinne die Landwirtschaft (bspw. Monokultur) und Geografie (bspw. Kulturlandschaft) aber auch der medizinische Bereich (bspw. Bakterienkultur) gemeint (vgl. 2000, 11ff.).

Für den weiteren Verlauf dieses Buches erscheint die dritte Definition von Bedeutung.

Diese Verwendung des Kulturbegriffs schließt die beiden ersten Definitionen mit ein. Die Bedeutung umfasst den Bereich des Alltags oder der praktischen Daseinsberechtigung und meint damit alle Gewohnheiten, die für eine Gruppe oder einen Bereich typisch sind. HANSEN interpretiert die Bedeutung des Kulturbegriffs als Gesamtheit der Gewohnheiten eines Kollektivs (vgl. 2000, 13).

In der Literatur finden sich weitere Definitionen des Kulturbegriffs. Zum Beispiel definiert der Psychologe TRIANDIS Kultur folgendermaßen: „By culture I mean the human made part of the environment"(TRIANDIS 1989, 306). Demnach versteht er Kultur als von den Menschen konstruierten Teil der Lebensumwelt (vgl. THOMAS 2003, 21).

HOFSTEDE bezeichnet Kultur dagegen als mentale Programmierung. Damit meint er bestimmte Denkens-, Fühlens- und Handlungsmuster eines Menschen, die sich durch Lernen verfestigen. Um die Muster anderer Gruppen oder Bereiche zu erlernen, muss der Mensch in der Lage sein, die vorgefestigten Muster abzulegen. Die neuen Muster werden programmiert, womit sie analog zur Computerprogrammierung auch als mentale Software bezeichnet werden. Kultur ist damit laut HOFSTEDE erlernt und nicht ererbt, weil sie sich aus dem sozialen Umfeld ableitet und nicht aus den Genen (vgl. 2001, 2ff.).

Aus den bisherigen Ausführungen zu dem Kulturbegriff wird deutlich, dass unterschiedliche Ansichten zum Verständnis von Kultur existieren. Die meisten Forscher sind sich jedoch darüber einig, dass Kultur einen weiten Bereich umfasst. Er reicht

> „[…] von vom Menschen hergestellten Gegenständen, Werkzeugen und so weiter, über Werte, Ideen, Weltbilder, Sprache und Philosophen bis hin zur Art und Weise des Umgangs mit belebten und unbelebten Dingen, Subjekten wie Objekten […]" (THOMAS 2003, 21).

THOMAS beschreibt Kultur damit unter Berücksichtigung dieser Bereiche als Orientierungssystem. Die Menschen leben in einer jeweils eigenen Kultur und entwickeln sie weiter. Kultur beschreibt ein für eine Bevölkerung gültiges Handlungssystem, in dem Objekte, Institutionen, Werte und Ideen existieren. Kultur festigt sich immer in einem für eine Nation, Gruppe, Organisation und Gesellschaft typischen Orientierungssystem. Die Orientierungssysteme sind durch Sprache, Mimik, Gestik, Kleidung, Rituale gekennzeichnet und werden an nachfolgende Generationen weitergegeben. Orientierungssysteme definieren für alle Menschen ihre Zugehörigkeit zur Gesellschaft oder zu einer Gruppe. Kultur bestimmt somit alle Wahrnehmungs-, Denkens-, und Handlungsmuster sowie Werte aller Menschen in der jeweiligen Gesellschaft, womit jedes spezifische Orientierungssystem Handlungsmöglichkeiten und Anreize, aber auch Bedingungen und Grenzen konstruiert (vgl. 2003, 22).

Es ist unbestritten, dass es ein wesentlicher Wunsch des Menschen ist, sich in der Welt zurechtzufinden, also sich zu orientieren. Der Wunsch nach erfolgreicher Orientierung ist dann gewährleistet, wenn der Mensch sich mit einem breiten Wissen in seiner Umwelt zurechtfindet und durch Erfahrungen mit diesem Wissen effektiv umgeht. Bei der Orientierung dient das, was unter Kultur verstanden wird, als Hilfestellung, den Personen, Gegenständen, Ereignissen, Prozessabläufen und Verhaltenskonsequenzen eine Bedeutung und einen Sinn zu geben (vgl. ebda.).

Fasst man die bisherigen Bedeutungen des Kulturbegriffs zusammen, so kann Folgendes festgehalten werden:

- Der Begriff Kultur wird als erweiterter Kulturbegriff aufgefasst, da in den meisten Ländern der Erde Minderheiten leben, die 25% der Bevölkerung ausmachen.

- Kultur ist eine vom Menschen konstruierte Lebensumwelt, wobei die Lebensgewohnheiten der jeweiligen Gruppe oder des Bereichs typisch sind.

- Kultur wird als mentale Software bezeichnet, die immer wieder neu erlernt wird. Sie leitet sich aus unserem sozialen Umfeld ab.

- Kultur versteht sich als Orientierungssystem, wobei jedes spezifische System seine eigenen Handlungen begrenzt, erweitert oder Anreize gibt. In jedem Orientierungssystem existieren unterschiedliche Denkens-, Fühlens- und Handlungsmuster.

Betrachtet man die abschließenden Ausführungen, zeigen sich sowohl individuelle und kollektive Komponenten, die zu einer kulturellen Prägung oder Enkulturation führen. Das folgende Kapitel geht ausführlich auf diesen Aspekt ein.

3.2.2 Enkulturation oder kulturelle Prägung

Um die Prozesse des interkulturellen Kompetenzerwerbs besser zu verstehen, muss die Frage geklärt werden, wie und mit welchen Konsequenzen der Kulturerwerb stattfindet. Der Begriff der Enkulturation oder auch der kulturellen Prägung beschreibt den Anpassungsvorgang des Menschen an einen ihm gegebenen kulturellen Rahmen (vgl. GROSCH/LEENEN 2000[2], 33). Dieser Anpassungsvorgang wird von HOFSTEDE auch als mentale Programmierung bezeichnet (siehe Kap. 3.2.1):

> „Enkulturation hat also die allgemeine Bedeutung von Lernen der Kultur, Lernen von Kulturmustern, Lernen des Werte- und Normensystems einer Kultur, Lernen kulturspezifischer Technologien, der Sprache, der Fertigkeiten, des kulturspezifischen Denkens, kulturspezifischen Gefühlswelt usw., bezieht sich also auf die typischen Veränderungen und Aufbauprozesse der Persönlichkeit von Heranwachsenden, sofern sie durch kulturspezifische Einflüsse mitbestimmt sind und kulturelle Inhalte implizieren" (ARBEITSHILFEN FÜR POLITISCHE BILDUNG 2000[2], 357).

Der Begriff Enkulturation greift hier die frühe Phase der Kulturalisierung heraus und bezieht sich damit auf die kulturelle Anpassung im Kindesalter. In dieser Phase spricht man von einer starken kulturellen Prägung, da sich der Mensch in der Kindheitsphase im Aufbau der Persönlichkeit befindet (vgl. GROSCH/LEENEN 2000[2], 33). CLAESSENS bezeichnet diesen Vorgang auch als „Übernahme der kulturellen Rolle" (1972, 138), die auch Möglichkeiten der Akkulturation zulässt, d.h., dass die Übernahme anderer kultureller Elemente erfolgt (vgl. GROSCH/LEENEN 2000[2], 33).

Allerdings ist hier anzuführen, dass die Gefahr besteht, die kulturelle Prägung in bestimmte Lebensphasen schematisch einzuordnen, weil diese Einordnung nur eine Seite kultureller Wirklichkeit beleuchtet. Die Dynamik von Kultur wird nicht berücksichtigt. Die dynamische Konstruktion der kulturellen Wirklichkeit basiert auf einem Wechselwirkungsverhältnis von Kultur und Persönlichkeit. Dabei unterscheidet man zwischen subjektiver Internalisierung und gesellschaftlicher Objektivierung. Einerseits verinnerlichen Menschen Bedeutungen subjektiv, andererseits versuchen sie, die sie umgebende Kultur durch ihre Vorstellungen zu verändern, die wiederum für andere objektiv erfahrbar ist (vgl. a.a.O., 34).

Abbildung 1: Kultur als Prozess der Verinnerlichung und Entäußerung

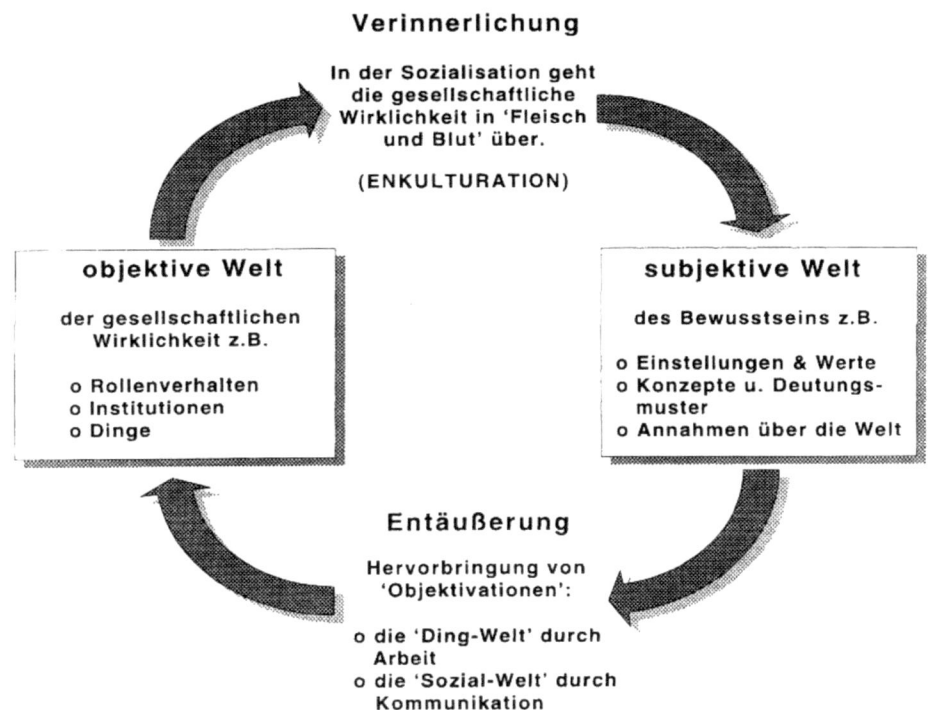

Quelle: GROSCH/LEENEN 2000[2], 34

Daraus lässt sich in letzter Konsequenz ableiten, dass in der Gesellschaft einerseits sowohl die Erhaltung kultureller Traditionen als auch der kulturelle Wandel, andererseits die Kulturgebundenheit des kulturgeprägten Individuums und die Offenheit für interkulturelle Lernprozesse in einem wechselseitigen Verhältnis stehen (vgl. a.a.O., 34f.).

Durch kulturell geprägte Individuen lassen sich unterschiedliche Kulturstandards identifizieren. In kulturellen Überschneidungssituationen treffen schließlich verschiedene Kulturstandards kulturell unterschiedlich geprägter Menschen aufeinander, die im Folgenden erläutert werden.

3.2.3   Kulturstandards und kulturelle Überschneidungssituationen

Menschen, die einer Nation angehören, sind durch Sprache und eine Kultureinheit gekennzeichnet. In dieser Kultureinheit bestehen spezifische Orientierungssysteme, nach denen die Menschen leben. Hierbei erscheint interessant, welche Merkmale dem jeweiligen System zugeordnet werden können bzw. für eine Nation typisch sind. Die Typisierungen können unter

Kulturstandards zusammengefasst werden (vgl. THOMAS 2003, 25; vgl. auch LOSCHE 2000[2], 16). Die Kulturstandards können nach THOMAS folgendermaßen beschrieben werden:

- Muster des Wahrnehmens, Denkens, Fühlens und Wertens, die für die meisten Menschen der jeweiligen Kultur typisch sind.

- Die Kulturstandards steuern, regeln und beurteilen das eigene und fremde Verhalten.

- Kulturstandards haben eine Regulationsfunktion im situationsbedingten Umgang mit Menschen.

- Die Regulationsfunktion bestimmt einen verhaltensabhängigen Toleranzbereich der Individuen und Gruppen innerhalb einer Kultur.

- Wenn der Toleranzbereich überschritten wird, sanktioniert die soziale Umwelt dieses Verhalten oder lehnt es ab (vgl. 2003, 25).

Aufgrund der oben festgelegten Kulturstandards haben intensive Untersuchungen beispielsweise sieben deutsche Kulturstandards identifiziert:

- „Sachorientierung (die Beschäftigung mit Sachverhalten ist wichtiger als die mit Personen.)
- Regelorientierung (Wertschätzung von Strukturen und Regeln. Für alles wird eine Regel gesucht und erwartet.)
- Direktheit/Wahrhaftigkeit (schwacher Kontext als Kommunikationsstil. Es gilt ein Richtig oder Falsch, ein Ja oder Nein, aber nichts dazwischen. Der direkte Weg ist immer der zielführende und effektivste.)
- Interpersonale Distanzdifferenzierung (Mische dich nicht ungefragt in die Angelegenheiten anderer Menschen ein: Halte Abstand und übe Zurückhaltung!)
- Internalisierte Kontrolle
- Zeitplanung (Zeit ist ein kostbares Gut, ist Geld wert: Sie darf nicht nutzlos vergeudet werden, sondern muss geplant, eingeplant werden.)
- Trennung von Persönlichkeits- und Lebensbereichen" (a.a.O., 26).

Das Bemühen um die Identifikation von Kulturstandards ist durch umfassende Forschungen gekennzeichnet. Das Ziel besteht darin, herauszufinden, welche Unterschiede durch verschiedene Kulturstandards in interkulturellen Handlungssituationen bestehen. Die Identifikationsbemühungen gehen auf die Problematik der kulturellen Überschneidungssituationen zurück, in der das Eigene und das Fremde aufeinandertreffen (vgl. a.a.O., 29ff. vgl. auch LOSCHE 2000[2], 16f.).

Abbildung 2: Die Dynamik kultureller Überschneidungssituationen

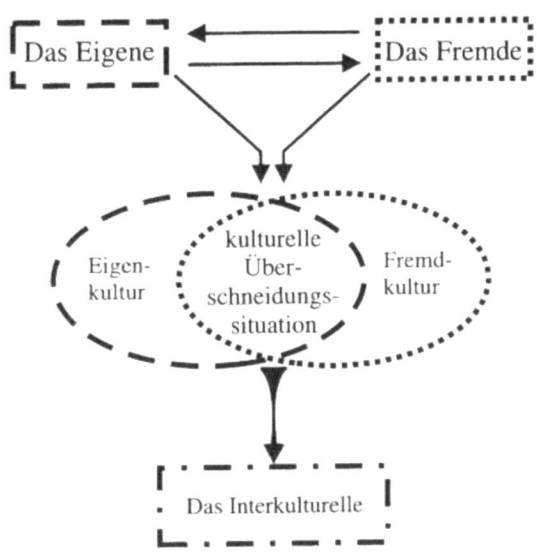

Quelle: THOMAS 2003, 46

Eine kulturelle Überschneidungssituation ist dadurch erkennbar, dass Personen unterschiedlicher Herkunft in einer Situation aufeinander treffen, in der sie nicht aus ihrem speziellen Orientierungsmuster und ihrer kulturelle Prägung heraus agieren können. Durch die unterschiedliche Herkunft existieren eigenkulturelle und fremdkulturelle Orientierungsmuster, die eine interkulturelle Handlungssituation erzeugen (vgl. THOMAS 2003, 46).

In solchen wechselseitigen Beziehungen entsteht ein Zwischenraum der Uneindeutigkeit, Vagheit und Neuartigkeit, der sowohl bedrohlich aber auch interessant sein kann. Die Situation erzeugt jedoch auch Gefahren, wenn man zu wenig über die Fremdkultur weiß. Dabei unterscheidet THOMAS vier Konzepte der Verhaltensregulation (vgl. a.a.O., 47):

- Dominanzkonzept: Hierbei werden die eigenen kulturellen Werte gegenüber den fremdkulturellen als überlegen angesehen. Es wird solange Anpassungsdruck ausgeübt, bis sich das Verhalten an der dominierenden Kultur orientiert.

- Assimilationskonzept: Die fremdkulturellen Werte und Normen integrieren sich freiwillig in das eigene Handeln. Eine Kultur kann so stark wirken, so dass sie zum Verlust der eigenen kulturellen Identität führen kann.

- Divergenzkonzept: Wesentliche Merkmale der jeweiligen Kultur sind bedeutsam und werden angenommen. Einige Elemente passen jedoch nicht zusammen und führen in der

Anwendung zu Widersprüchen. Die Widersprüche wiederum sind in den verschiedenen Orientierungssystemen begründet. Das Aufeinandertreffen dieser verschiedenen Orientierungssysteme wird oft am Anfang interkultureller Handlungssituationen beobachtet.

- Synthesekonzept: In einer kulturellen Überschneidungssituation gelingt es, bedeutsame Elemente der Kulturen zu verbinden und sich dadurch weiter zu entwickeln. Es entstehen kulturelle Synergieeffekte (vgl. a.a.O., 47f.)

Die ersten drei Verhaltenstypen findet man oft in kulturellen Überschneidungssituationen vor. Vor allem das Dominanzkonzept und das Assimilationskonzept beschreiben gewöhnlich die Art und Weise des Verhaltens zwischen Eigen- und Fremdkulturen. Kulturelle Identitäten treffen in den vorgenannten kulturellen Überschneidungssituationen aufeinander. Dadurch entstehen Vorurteile, Stereotype und ethnozentrisches Verhalten, was zu einem Verlust der kulturellen Identität führen kann. Im folgenden Kapitel wird zunächst die Frage beantwortet, was Identität bedeutet und wie sie entsteht, anschließend wie sich daraus kulturelle Identität konstruiert. Diese Aspekte stellen weitere wichtige Bestandteile des interkulturellen Kompetenzerwerbs dar.

3.2.4   Identität und kulturelle Identität

Nach dem Verständnis von AUERNHEIMER beschreibt Identität ein „originär psychologisches und auch soziologisches Konzept" (2005[4], 68), während einige Autoren die Identität als Konstrukt des Individuums beschreiben (vgl. BERING 2003, 158f.; KEUPP U.A. 1999, 63ff.; CASTELLS 2002, 8ff.). In der Literatur finden sich mit dem Psychoanalytiker ERIK H. ERIKSON und GEORGE H. MEAD, Professor für Philosophie und Sozialpsychologie, zwei klassische Vertreter identitätstheoretischer Ansätze (vgl. AUERNHEIMER 2005[4], 68).

ERIKSON sieht die Identitätskonstruktion als Entwicklungsaufgabe der Adoleszenz in Verbindung mit den früheren Lebensabschnitten. Das Ergebnis der Identitätskonstruktion versteht er in der Verarbeitung und Überarbeitung der bisherigen Lebensgeschichte und der Identifikation in der Kindheit, die zu einer sich ständig erneuernden Selbstidentität führt (vgl. 1966, 140). Für ERIKSON ist die individuelle Identität immer auch in der Gruppenidentität verankert, weil die Ich-Identität eine soziale Komponente darstellt (vgl. a.a.O., 190). In diesem Zusammenhang spielen innere Solidarität, Ideale, Identität und die Kultur einer Gruppe eine wesentliche Rolle (vgl. a.a.O., 125).

Auch CASTELLS ordnet der Ich-Identität eine wichtige Rolle zu. Er versteht Identität als eine legitimierende, widerständige und projektgeleitete Form. Während die erste durch Institutionen konstruiert wird, führt die zweite den Menschen zu einem ethnischen Nationalismus oder religiösen Fundamentalismus (vgl. 2002, 10f.). WIEVIORKA spricht in diesem Kontext auch von der Entstehung einer Parallelgesellschaft in der Diaspora. (vgl. 2003, 144ff.). Die projektgeleitete Form des Identitätsaufbaus geht nach CASTELLS von einem Verlust der Tradition in Verbindung mit der lokalen und globalen Konstruktion des Alltagslebens einher. Daher müssen die Individuen einer Gesellschaft aus einer Vielzahl von Möglichkeiten auswählen, um ihren Lebensstil fortzuführen (vgl. 2002, 13). CASTELLS spricht in diesem Zusammenhang von einer „reflexiv organisierten Lebensplanung […] [, die, R.L.] zu einem zentralen Moment der Strukturierung der Ich-Identität" (ebda.) [wird, R.L.].

ERIKSON stellt jedoch die Begrenztheit der Verwendung des Identifikationsmechanismus heraus (vgl. 1966, 139). Aus Sicht des Psychoanalytikers gilt die ‚Ich-Identität' als Syntheseleistung und Ergebnis der teilweise wortlosen Vorgänge der Ich-Synthese (vgl. a.a.O., 124).

MEAD bezeichnet die Identität dagegen als Aushandlungsprozess. Demnach sieht sich das Individuum ständig mit seinem sozialen Selbstbild und seiner Spontaneität konfrontiert, um eine Ausgewogenheit zu erreichen. KRAPPMANN (1993) hat sich dieser Aufgabe mit der Absicht, soziologische Dimensionen der Identität herauszuarbeiten, angenommen (vgl. AUERNHEIMER 2005[4], 68). Nach KRAPPMANN handelt jedes Individuum seine neue Identität immer wieder neu aus, weil es vor der Aufgabe steht, zwischen seinen Bedürfnissen und denen seiner Umwelt zu verhandeln. Folglich ist die Identität als vorläufiges Ergebnis eines Aushandlungsprozesses zu sehen (vgl. KRAPPMANN 1993[8], 7ff.).

Auch KEUPP unterstreicht die Aushandlung der Identität, obgleich er auch auf die Bedeutung der allgemeinen und kulturellen Ressourcen hinweist (vgl. 1998, 19). Er bezeichnet die Identität als Erzählung, als so genannte Selbstnarration. Dabei spielen die Begriffe Religion, Politik, Kultur und Subkultur für die Identitätskonstruktion eine wichtige Rolle (vgl. a.a.O., 22ff.). Zwar prägt KEUPP den Begriff der Patchwork-Identität, der Identität als Gewebe, das aus vielen Fäden besteht, er hält jedoch den Anspruch auf Kohärenz weiterhin für gerechtfertigt (vgl. a.a.O., 11ff.). Er unterstreicht diesen Anspruch in seiner Definition des Begriffs der Identität: „basale Voraussetzungen […] sind soziale Anerkennung und Zugehörigkeit" (a.a.O., 34).

Zusammenfassend kann nach AUERNHEIMER folgende Definition für Identität gelten:

„Identität als „Integrationsleistung" (HABERMAS) ist ein offenes, unabschließbares „Projekt" (KEUPP) von kritischen Lebensereignissen stets neu angestoßen, ein Komplex von (Re-)Konstruktionen und etwas, dass immer neu ausgehandelt werden muss. Metaphern wie „Patchwork" oder „Bricolage" (Bastelei) kennzeichnen gut die Eigenart von Identitätsarbeit" (2005[4], 69).

Kulturelle Identität

Der Begriff rückt nach AUERNHEIMER nur eine generelle Bedingung der Identitätskonstruktionen in den Mittelpunkt. Es handelt sich um die kulturellen Ressourcen und die sozialen Bezugspunkte. Sie gewinnen in fremder Umgebung, in der Diasporasituation und in der nachbarschaftlichen Existenz der Menschen unterschiedlicher Herkunft an Bedeutung, die für eine multikulturelle Gesellschaft typisch sind (vgl. 2005[4], 69).

Dabei ist die kulturelle Identität von der kulturellen Prägung zu unterscheiden. Sie ist nach BOURDIEU hinsichtlich des Habitus zu unterscheiden. Der Begriff ‚Habitus' meint hier alle im Enkulturationsprozess enthaltenen Wahrnehmungs-, Deutungs- und Handlungsschemata. In Bezug auf die kulturelle Identität wird die Bezeichnung Habitus als eine Kontroverse mit dem kulturell speziellen Habitus verstanden, der in Situationen der Fremdbegegnung oder in einer Minorität auftritt. Dabei spielen sowohl eigene soziale Verflechtungen als auch der Umgang mit Symbolen der eigenen Kultur (Religion, Sprache oder kulturelle ästhetische Praxen) eine Rolle. Während erstere auch die problematische Form der Selbstethnisierung annehmen kann, hängt die Positionierung des Individuums beim Umgang mit kulturellen Symbolen davon ab, wie es sich in seiner Gruppe verhält und diese Symbole subjektiv interpretiert. Des Weiteren ist bei Minderheitenkulturen von Bedeutung, inwiefern sie von der Aufnahmegesellschaft Identitätsangebote unterbreitet bekommen und integriert oder ausgegrenzt werden (vgl. a.a.O., 69f.).

Nach HALL, der wie MEAD von der Identität als Aushandlungsprozess ausgeht (vgl. 1994, 32), wird kulturelle Identität folgendermaßen definiert:

„Kulturelle Identitäten sind die instabilen Identifikationspunkte oder Nahtstellen, die innerhalb der Diskurse über Geschichte und Kultur gebildet werden, kein Wesen, sondern eine *Positionierung*" (HALL 1994, 30).

Für HALL sind kulturelle Identitäten Teil einer Repräsentationspolitik, wobei er die Vieldeutigkeit der Repräsentationen und eine Offenheit für andere Bedeutungen herausstellt, die auf die Einflüsse der Geschichte der jeweiligen Gruppe zurückzuführen sind. In diesem Zusammenhang spricht HALL auch von Hybridbildung (vgl. a.a.O., 41). Die Repräsentationspolitik geht von der partizipierenden und mitbestimmenden Minderheit aus. Daher ist das Verständnis kultureller Identität nach HALL in der Bundesrepublik Deutschland nur teilweise umsetzbar, weil die Voraussetzungen in Deutschland noch nicht geschaffen wurden (vgl. AUERNHEIMER 2005[4], 70).

Betrachtet man die kulturelle Identität aus pädagogischer Sicht, so stellt sie eine Dimension individueller Identitätskonstruktionen dar (vgl. ebda.). Nach HALL ist jedoch die Identität nicht auf die Abstammung der Menschen, deren Glauben an gemeinsame Wurzeln oder einen bestimmten Ursprung zurückzuführen. Des Weiteren kritisiert er die Verwendung des sprachlichen Gebrauchs von ‚wir'/ ‚die anderen', was belegt, dass kulturelle Identität nicht als Ab- oder Ausgrenzung verstanden werden muss (vgl. 1994, 33). Die Gefahr, dass kulturelle Identität zur Ausgrenzung führt ist dennoch allgegenwärtig (vgl. AUERNHEIMER 2005[4], 70).

Neben der kulturellen Identität sei an dieser Stelle die Theorie der sozialen Identität erwähnt. Die soziale Identität basiert auf einer In-Group-Out-Group-Differenzierung. Demnach führen selbst einfache soziale Kategorisierungen zu einer Identifikation mit der jeweils eigenen Gruppe, der man sich zurechnet. Die Zugehörigkeit einer Gruppe führt zu einem Vergleich mit Fremdgruppen und schließlich zu einer differenten Betrachtung dieser Fremdgruppen von der eigenen (vgl. a.a.O., 71).

Die Konstruktion kultureller Identitäten tritt, wie bereits erwähnt, in einer multikulturellen Gesellschaft auf. Die Gefahr, dass es zur Ausgrenzung anderer Identitäten kommt, ist gegeben. Durch ideologische Überzeugungen bilden sich Vorurteile und damit auch Stereotype heraus, die zu ethnozentrischen Einstellungen führen. Im Folgenden wird auf die Begriffe Vorurteil, Stereotype, Ethnien und Ethnozentrismus näher eingegangen. Dies ist insofern von Bedeutung, da die Verflechtungen dieser Begriffe die Ansatzpunkte für das interkulturelle Lernen und damit auch den interkulturellen Kompetenzerwerb darstellen.

3.2.5 Vorurteil, Stereotype und Ethnozentrismus

Vorurteil

Im Zusammenhang mit dem interkulturellen Kompetenzerwerb steht die Thematisierung von Vorurteilen. Sie werden folgendermaßen definiert:

> „Vorurteile sind negative oder ablehnende Einstellungen einem Menschen oder einer Menschengruppe gegenüber, wobei dieser Gruppe in Folge stereotypischer Vorstellungen bestimmte Eigenschaften von vornherein zugeschrieben werden, die sich aufgrund von Starrheit und gefühlsmäßiger Ladung, selbst bei widersprechender Erfahrung, schwer korrigieren lassen" (NICKLAS/OSTERMANN 1980, zit. n. AUERNHEIMER 2005[4], 84).

Nach AHLHEIM/HEGER sind sie

> „Einstellungen, Einschätzungen und Orientierungsmuster, die vor jedem bedachten, wohl begründeten, gar ausgewogenen Urteil anzusiedeln sind und den Anspruch des Objektiven theoretische geprüften gar nicht erfüllen können und sollen, sichern Routine und Reibungslosigkeit des Alltags" (1999, 5).

NICKLAS/OSTERMANN verwenden in der Definition der Bezeichnung Vorurteil den Begriff Stereotype. (NICKLAS/OSTERMANN 1980, zit. n. AUERNHEIMER 2005[4], 84). Der Begriff Stereotype kann wie folgt verstanden werden:

> „Stereotype sind allgemein Komplexe von Eigenschaften oder Verhaltensweisen, die Personen aufgrund ihrer Zuordnungen zu bestimmten Gruppen zugeschrieben werden. Stereotype sind (im Gegensatz zu Soziotypen) vor allem dadurch gekennzeichnet, dass sie bestimmte Eigenschaften karikierend hervorheben und falsch verallgemeinern" (ARBEITSHILFEN FÜR POLITISCHE BILDUNG 2000[2], 363).

Sie entstehen durch eine Überverallgemeinerung tatsächlicher Merkmale und weisen eine positive oder negative Bedeutung auf. In diesem Kontext bestimmen sie intensiv das Image einer Gemeinschaft (vgl. AUERNHEIMER 2005[4], 84).

Ethnie

> „Mit „Ethnie" oder „ethnischer Gruppe" werden Familien übergreifende Gruppen bezeichnet, die sich selbst eine kollektive Identität zusprechen. Neben wirklichen und vermeintlichen Gemeinsamkeiten wie Sprache, Geschichte und Kultur sind Vorstellungen einer gemeinsamen Herkunft, einer „Abstammungsgemeinschaft" von Bedeutung, „ganz einerlei, ob eine Abstammungsgemeinschaft vorliegt oder nicht" (WEBER 1972 zit. n. ARBEITSHILFEN FÜR POLITISCHE BILDUNG 2000[2], 357).

Im gleichen Zusammenhang ist der Begriff Ethnozentrismus zu definieren, der die Ausrichtung der Vorurteile in eine Richtung beschreibt. Dabei stellt ethnozentrisches Verhalten die eigene Kultur als besonders positiv dar.

Ethnozentrismus kann dabei verstanden werden als

> „[…] eine starre Bindung des Individuums an alles das, was ihm kulturell primär ist, was seiner eigenen Haltung entspricht und als eine ebenso unelastisch abwertende Reaktion gegen alles Fremdartige" (ADORNO U.A. 1969, 89).

Die Vorurteilsforschung fasst unter dem Begriff Ethnozentrismus besondere negative Haltungen, Einstellungen und Feindbilder gegenüber fremden Kulturen zusammen. Die Merkmale der jeweiligen Gruppe, der man sich zurechnet, werden stark betont, während die Merkmale einer Außengruppe mit den Normen und Werten der eigenen verglichen werden. Hinzu kommt, dass Eigengruppen bestimmten Fremdgruppen bereits Merkmale zuschreiben, ohne auf konkrete Erfahrungswerte zurückzugreifen. Ein Charakteristikum für das ethnozentrische Verhalten ist stets das Zurückweisen des Fremden (vgl. FREISE 1982, 108).

Blickt man auf die entwicklungspädagogische Praxis, so zeigt sich, dass die Entstehung von Vorurteilen nicht allein auf fehlendes Wissen zurückzuführen ist, sondern aufgrund der Starrheit und Gefühlsbeladenheit ethnozentrischer Einstellungen tief in der Psyche eines Menschen liegt (vgl. STERNECKER 1992, 91f.).

Der Psyche eines Menschen schreibt die Vorurteilsforschung eine wichtige Rolle zu. Sie dient nach ALLPORT/ GRAUMANN zur Bewältigung von individueller Unsicherheits- und Frustrationserfahrung. Hierfür existieren in der ‚Frustrations-Aggressions-Hypothese' und der sich daran anschließenden ‚Sündenbocktheorie' Erklärungsansätze, die Unsicherheit und erfahrene Frustration erklären und die Entstehung von Vorurteilen als mehrstufigen Prozess beschreiben (vgl. 1971, 347ff.):

- Erfahrene Frustration erzeugt Aggression.

- Die Aggressionen werden auf verhältnismäßig wehrlose ‚Sündenböcke' verschoben.

- Die verschobene Feindlichkeit wird rationalisiert und gerechtfertigt durch Beschuldigung, Projektion und Stereotypenbildung (vgl. ebda.).

Die Frustrationserlebnisse des Menschen in einem Sozialverband sind auf ständige Unterdrückung zurückzuführen (vgl. STERNECKER 1992, 92). Nach MITSCHERLICH kommt keine Gesellschaft ohne Unterdrückung aus. Der Mensch versucht ritualisierte Verhaltenssicherheit aufzubauen. Dabei vergleicht MITSCHERLICH diese Vorgehensweise mit der genetisch gesicherten Verhaltensweise der Tiere (vgl. 1975[2], 14).

Ein Weg, die vorhandene Frustration umzuleiten, besteht in der Übernahme von Normen und Werten und in der Anpassung an autoritäre Strukturen. Die Frustration wird dann auf die schwächeren Gruppen übertragen (vgl. STERNECKER 1992, 93). Dabei geben nach BRÜCKNER rassische, ethnische und statusabhängige Vorurteilssysteme Minderheiten frei, auf die sich die Aggressionen verschieben (vgl. 1978[6], 166).

Aus der dargestellten Entstehung von Vorurteilen entwickeln sich ethnozentrische Einstellungen, wenn die angstbedingte Anpassung der Individuen zu einer unreflektierten Identifikation mit der eigenen Herkunft oder ethnischen Gruppe führt. Die vorhandene Aggression richtet sich gegen fremde Ethnien und Kulturen. OSTERMANN/NICKLAS kommentieren diese Erkenntnis als ein einfaches Mittel, zu der keine eigene Leistung gehöre. Ein Angehöriger einer Rasse, eines bestimmten Volkes oder einer Religion zu sein, führe bereits zu einer Begründung der Höherwertigkeit der eigenen Person bzw. zu einer Abwertung des anderen (vgl. 1976, 7).

Neben der psychologischen Betrachtungsweise beleuchten neuere Aspekte der Vorurteilsforschung auch die gesellschaftspolitischen Verortungen. Demnach bieten Vorurteile und ethnozentrische Auffassungen in gesellschaftlichen Strukturen, in denen sich Individuen mit existenziellen Unsicherheiten, Fremdbestimmung oder Benachteiligungen auseinander setzen müssen, die Möglichkeit auf schwächere Individuen herabzublicken, um die eigenen Probleme dadurch zu kompensieren (vgl. STERNECKER 1992, 94).

Die Vorurteilsforschung hat in umfangreichen Tests herausgefunden, dass Vorurteile, ethnozentrische Einstellungen und stereotypisches Denken nicht von allen Individuen gleich ausgebildet werden. Sie sind ein Persönlichkeitsmerkmal und daher individuell verschieden (vgl. a.a.O., 96). NICKLAS/ OSTERMANN sprechen in diesem Zusammenhang auch vom „Alibi des schwachen Ichs" (1976, 5).

Die Einstellungen und Haltungen können nicht einfach abgelegt und entfernt werden, weil dies gleichbedeutend mit einer Identitätskrise wäre. Vielmehr ist hier aus entwicklungsdidaktischer Sicht an den unmittelbaren Lebensverhältnissen der Menschen anzusetzen und Eigenschaften und Fähigkeiten wie beispielsweise Toleranz und Empathiefähigkeit zu fördern (vgl. STERNECKER 1992, 98f.).

Um mit Menschen unterschiedlicher Herkunft umgehen zu können, werden auf interkultureller Ebene konkrete Anforderungen an die eigene Persönlichkeit des Menschen und an sein soziales Handeln gestellt. Eine Didaktik interkulturellen Lernens zielt somit auf die Bewusstmachung kultureller Identitäten und auf konkrete Reflexionsfähigkeiten sowie Handlungskompetenzen der Lernenden ab. Des Weiteren versucht der entwicklungsdidaktische Ansatz im Rahmen interkultureller Lernprozesse ethnozentrische Grundeinstellungen kritisch zu hinterfragen und sie zu problematisieren. Folglich zielt diese Herangehensweise auf eine Verbesserung der Bewusstseins- und Wahrnehmungsstrukturen ab, um den Umgang mit anderen kulturellen Identitätsstrukturen nicht als Gefährdung, sondern als Bereicherung der eigenen Persönlichkeit zu interpretieren (vgl. ebda.).

Im nächsten Kapitel wird auf den Prozess interkulturellen Lernens eingegangen. Dieser Lernprozess beschreibt den personalen Entwicklungsprozess des Menschen in Bezug auf das Verhältnis von der Eigen- zur Fremdkultur. Interkulturelles Lernen stellt einen weiteren Baustein des interkulturellen Kompetenzerwerbs dar.

3.3   Interkulturelles Lernen

Wenn unter Lernen eine Veränderung des Erlebens und Verhaltens, das durch Interaktion des Menschen in seiner Umwelt stattfindet, verstanden wird, dann versteht sich folglich interkulturelles Lernen als ein Lernen zwischen den Kulturen (vgl. GROSCH/LEENEN 2000[2], 29). Die Konzepte interkulturelles Lernen, interkulturelle Bildung und Interkulturelle Erziehung beschreiben jedoch nicht eindeutig, ob die Konzepte einen Prozess oder das Ergebnis des Lernens darstellen. Der im ständigen Diskurs stehende Begriff der interkulturellen Kompetenz dagegen kann eindeutig der Ergebnisebene zugeschrieben werden. Der Begriff beschreibt die Interaktion zwischen Menschen unterschiedlicher Herkunft im Kontext gegenseitiger Akzeptanz, wobei die Interaktionsebene die Prozessebene des interkulturellen Lernens bezeichnet (vgl. ebda.).

Zur eindeutigen Klärung der unterschiedlichen Ebenen dient das nachfolgende Schaubild von NIEKE:

Abbildung 3: Schema zur Verortung zentraler Begriffe des interkulturellen Lernens

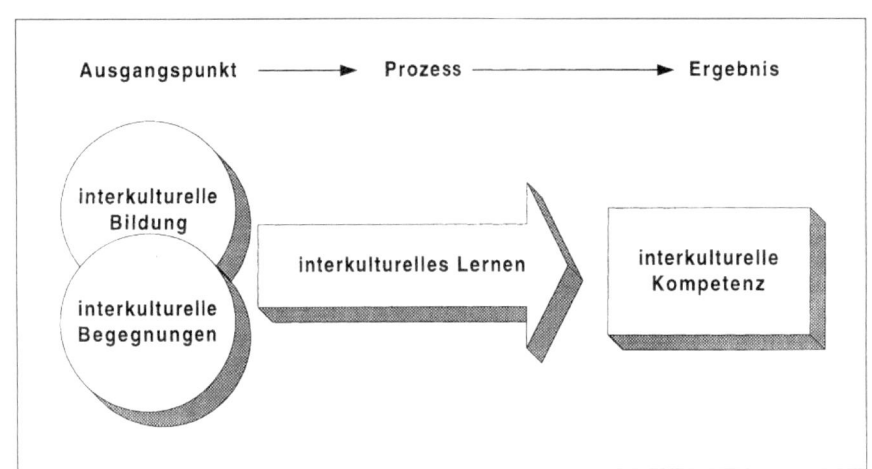

Quelle: GROSCH/LEENEN 2000[2], 29

In der obigen Abbildung wird der Begriff interkulturelles Lernen der Prozessebene zugeordnet, wobei interkulturelle Bildung und interkulturelle Begegnungen als Ausgangspunkt dienen. Der Prozess des interkulturellen Lernens führt schließlich zu interkultureller Kompetenz (vgl. ebda.).

Das Konzept des interkulturellen Lernens bezieht sich dabei nicht nur auf bewusst erzeugte, sondern auch auf informelle und unbewusste Bildungsprozesse. Es wird davon ausgegangen, dass Menschen auch vor und neben einem organisierten Bildungsprozess lernen. Weiterhin liegt diesem Konzept die zentrale Fragestellung zugrunde, inwiefern die interkulturellen Begegnungen natürlich entstehen oder ob in der Pädagogik inszenierte Begegnungs- und Lernerfahrungen arrangiert werden sollen. Die Theorie und Praxis der Pädagogik geht bisher davon aus, dass die Kulturbegegnung der ideale Ort für interkulturelles Lernen und internationale Verständigung ist (vgl. ebda.).

Diese Ansicht teilen aber längst nicht alle Forscher. In amerikanischen Schulversuchen führte man gemischt-kulturelle Klassen ein und erkannte, dass es nicht wie erwartet zum Abbau ethnischer Stereotype und mehr Toleranz unter den Schülern kam. Das ethnozentrische Verhalten verstärkte sich zunehmend (vgl. a.a.O., 30). Für OTTEN/ TREUHEIT liegen die Gründe für das Scheitern dieses Versuchs in den selektiven Wahrnehmungsgewohnheiten, die unverändert bleiben, obwohl die Schüler sich der Interpretation verschiedener kultureller Reize ausgesetzt sehen (vgl. 1994, 20).

Aus sozialpsychologischer Sicht geht diese Problematik bis auf ALLPORT zurück (vgl. Kap. 3.2.5). Die Ansicht, dass eine Interaktion zwischen Menschen unterschiedlicher Herkunft, also durch interkulturelle Begegnungen, den Abbau von Vorurteilen, Stereotypen und ethnozentrische Haltungen und Einstellungen fördert, wird in der Forschung als „Kontakthypothese" bezeichnet (vgl. GROSCH/LEENEN 2000[2], 30). Diese Ansicht teilt auch KRÜGER-POTRATZ. Ihrer Meinung nach findet interkulturelles Lernen nicht automatisch durch die Zusammensetzung von Personen verschiedener Herkunft oder durch Auslandsaufenthalte statt. Sie befürchtet, dass sich Vorurteile und Ethnozentrismus durch Kulturkontakt verstärken. Sowohl KRÜGER-POTRATZ als auch GROSCH/LEENEN messen den spezifischen Kontextbedingungen und interkulturellen Bildungsarrangements eine wichtige Bedeutung zu (vgl. KRÜGER-POTRATZ 2005, 157f.; vgl. auch GROSCH/LEENEN 2000[2], 30).

In bestimmten Interaktionsformen können positive Effekte wie Akzeptanz, Sympathie erwartet werden. Als soziale und situative Faktoren kommen die Freiwilligkeit des Kontaktes, Statusgleichheit Intensität bzw. Dichte des Kontaktes und institutionelle und normative Unterstützung des Kontaktes hinzu (vgl. THOMAS 1996[2], 229). Die personalen Faktoren emotionale Stabilität, die Bereitschaft für neue Erfahrungen und wenig ausgeprägte ethnozentrische Einstellungen kennzeichnen zusätzlich die Bedingungen, unter denen interkulturelles Lernen stattfinden kann (vgl. GROSCH/LEENEN 2000[2], 30).

Die Vorstellung von einem Prozess des Kultur- Lernens ist jedoch weiterhin schematisch, solange nicht die Bedingungen für ein besseres Verständnis für andere Kulturen, den Kulturerwerb, kulturelle Begegnungen und kulturelle Anpassungen geschaffen werden (vgl. ebda.).

Interkulturelles Lernen soll daher als ein Prozess verstanden werden, in dem sich das Verhältnis zur Eigen- und zur Fremdkultur ändert (vgl. ebda.). SANDHAAS spricht in diesem Zusammenhang auch von einem personalen Entwicklungsprozess, wobei noch genauer zu bestimmen ist, worin die Ziele dieser Entwicklung liegen (vgl. 1988, 431).

Das folgende Kapitel behandelt die Zielvorstellungen interkulturellen Lernens für den individuellen Entwicklungsprozess, die unter dem Begriff Interkulturelle Kompetenz zusammengefasst werden. Abschließend erfolgt eine Definition des Begriffs Interkulturelle Kompetenz, der für die weiteren Ausführungen gelten soll.

3.4   Interkulturelle Kompetenz

Das Ziel des persönlichen Entwicklungsprozesses kann in einem besseren Verstehen fremder Orientierungssysteme liegen (vgl. 3.2.1). Eine Zielvorstellung beschreibt den Versuch, Handlungen, Einstellungen, menschliche oder technische Entwicklungen der fremden Kultur zu verstehen. Damit ist in einer bestimmten Situation interkultureller Begegnungen eine störungsfreie und zielgerichtete Interaktion möglich. Das ‚Verstehen' beschreibt ein instrumentelles Ziel, weil der Erfolg einer interkulturellen Handlung vom Grad des Verstehens abhängt (vgl. GROSCH/LEENEN 2000[2], 37).

Andere Ansätze sehen in einem Verständnis der fremden Kultur selbst ein Ziel. Dieses Verständnis wird erreicht, wenn ein Mensch sicher innerhalb einer für ihn fremden Kultur interagiert und sich selbst als ein Teil der fremden Kultur versteht. Ein weiteres Ziel ist, zu denken und zu fühlen wie die fremde Kultur, um die Welt aus Sicht der fremden Kultur zu sehen (vgl. a.a.O., 37f.). GEERTZ stellt jedoch das Ziel der so genannten Empathiefähigkeit infrage. Er bezweifelt, dass Menschen permanent in der Lage seien, sich in andere kulturelle Lebensweisen hineinzuversetzen. Er schlägt vor, herauszufinden, wie die Fremden sich selbst verstehen und wie ihre Kultursymbole (bspw. Worte, Bilder, Institutionen und Verhaltensweisen) zu deuten sind (vgl. 1987, 290).

Die Überwindung ethnozentrischer Einstellungen formuliert ein Ziel des personalen Entwicklungsprozesses im Kontext der Empathiefähigkeit. Interkulturelles Lernen versteht sich somit als Lernkontinuum, das in Ethnozentrismus ihren Ansatzpunkt hat und anschließend über Akzeptanz, Verständnis und Wertschätzung zu einer Aneignung fremdkultureller Inhalte führt (vgl. GROSCH/LEENEN 2000[2], 38).

Diese Zielvorstellungen hat BENNETT aufgegriffen und in folgendem Schema dargestellt:

Abbildung 4: Bennett´s Stufen des interkulturellen Lernprozesses

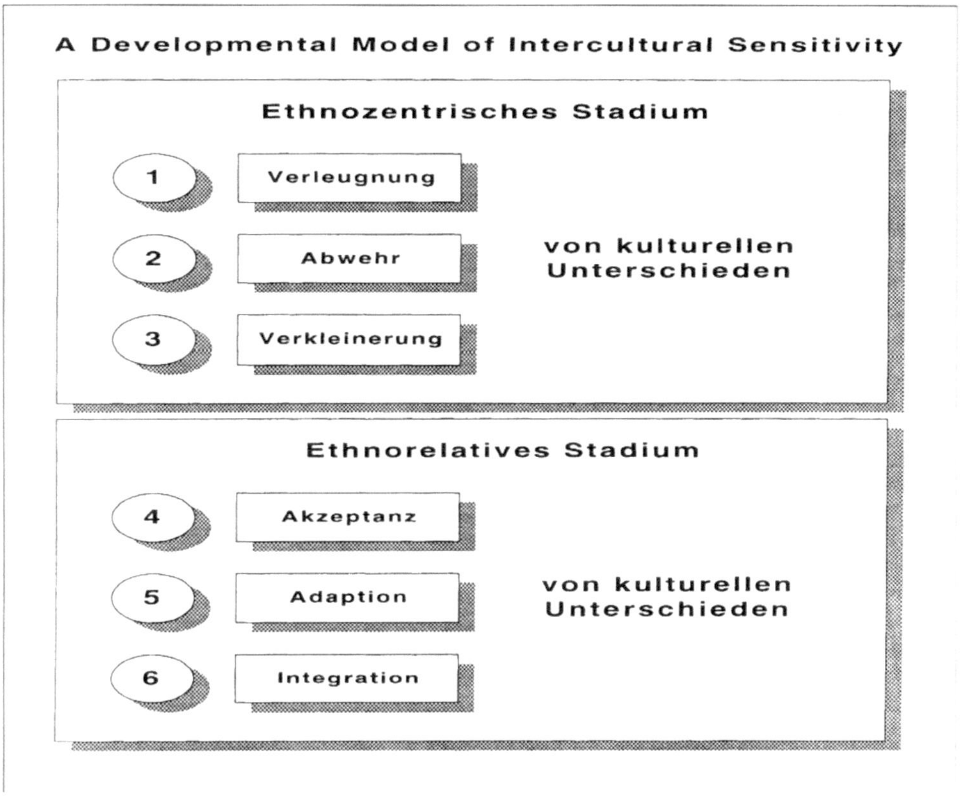

A Developmental Model of Intercultural Sensitivity

Ethnozentrisches Stadium

1 Verleugnung

2 Abwehr

3 Verkleinerung

von kulturellen Unterschieden

Ethnorelatives Stadium

4 Akzeptanz

5 Adaption

6 Integration

von kulturellen Unterschieden

Quelle: GROSCH/LEENEN 2000^{2}, 38

Die Abbildung zeigt, dass sich interkulturelles Lernen nach BENNETT in sechs Stufen voll-zieht. Allerdings fehlt dem Schema eine empirische Fundierung. Die Frage nach dem Einstel-lungstyp (Abwehr, Verleugnung, Akzeptanz) im Hinblick auf fremde Kulturen wird mit dem Bennett´schen Schema nicht beantwortet. Eine Vorinformation über den Einstellungstyp er-scheint aber wichtig, um die Lernmöglichkeiten und methodische Herangehensweise richtig einschätzen zu können. Zum anderen ist das Modell als Ideal einer Persönlichkeitsentwick-lung zu sehen und muss daher hinsichtlich der Legitimation dieses normativen Entwurfs in Bezug auf den Lernprozess der jeweiligen Personen kritisch hinterfragt werden (vgl. a.a.O., 39).

Am Modell von BENNETT offenbaren sich Probleme, die infolge von generellen Zielformulie-rungen interkulturellen Lernens entstehen, wenn mit einem Ideal interkultureller Persönlich-keitsentwicklung operiert wird. Auf der Ebene dieses interkulturellen Entwicklungsmodells erscheint es problematisch, dass über das Potenzial der kulturellen Anpassungsfähigkeit und der individuellen Lernbereitschaft eines Menschen vorentschieden wird (vgl. ebda.).

Aufgrund dieser Tatsache müssen pädagogische Arrangements zur Förderung interkulturellen Lernens den Lernenden Handlungsmöglichkeiten zur Verfügung stellen, gleichzeitig aber für deren Zielvorstellungen und Lernvoraussetzungen offen sein. Als geeignetes Konzept für die Formulierung solcher Zielvorstellungen und Lernvoraussetzungen dient die interkulturelle Kompetenz (vgl. ebda.; vgl. auch KRÜGER-POTRATZ 2005, 158ff.).

Zunächst möchte ich einige Definitionen zum Begriff ‚interkulturelle Kompetenz' geben.

> „Unter interkultureller Kompetenz wird ein ´set´ von Fähigkeiten verstanden, die es einer Person ermöglichen, in einer kulturellen Überschneidungssituation unabhängig, kultursensibel und wirkungsvoll zu handeln."(GROSCH/LEENEN 2000², 39)

Die Fähigkeiten und Voraussetzungen wurden in zahlreichen Forschungsarbeiten genauer bestimmt. Im Folgenden sind dies differenzierte Selbstwahrnehmung, realistische Selbsteinschätzung, emotionale Stabilität und Ambiguitätstoleranz. Hinzu kommen die Vertrautheit mit einer Vielzahl unterschiedlicher kultureller Bedeutungsmuster und Bedeutungsperspektiven und ein breites Verhaltensrepertoire (vgl. ebda.). GROSCH/LEENEN bezeichnen diese Fähigkeiten und Voraussetzungen als eine „[…] um die kulturelle Komponente erweiterte Sozialkompetenz" (ebda.).

Auch LÜSEBRINK versteht interkulturelle Kompetenz als eine um den Kulturbegriff erweiterte Sozialkompetenz. Nach LÜSEBRINK wird sie

> „[…] als das Vermögen verstanden, mit fremden Kulturen und ihren Angehörigen in adäquater, ihren Wertesystemen und Kommunikationsstilen angemessener Weise zu handeln, mit ihnen zu kommunizieren und sie zu verstehen. […] Interkulturelle Kompetenz beruht somit zum einen auf einer affektiven Dimension, die Einfühlung in und Sensibilisierung für fremde Kulturen sowie eine hiermit verknüpfte Sozialkompetenz umfasst." (LÜSEBRINK 2005, 9).

Er bezieht dabei die Kommunikationsmöglichkeiten der Menschen untereinander mit ein, die hier als wesentlicher Bestandteil interkultureller Kompetenz interpretiert werden können. Gestützt wird diese Auffassung durch BAUMER, der zwischen einem engeren und weiteren interkulturellen Kompetenzbegriff unterscheidet (vgl. 2002, 76).

> „Interkulturelle Kompetenz im engeren Sinne ist also die Fähigkeit zum beidseitig zufriedenstellenden Umgang mit Menschen aus anderen Kulturen (im >>landläufigen>> Sinne anderer Länder oder Kontinente), im weiteren Sinne jedoch zum Umgang mit allen anderen Menschen" (ebda.).

BAUMERS Begriffsverständnis geht von einer erfolgreichen Kommunikation der Menschen untereinander aus, wobei die Fähigkeit zu zwischenmenschlichen Beziehungen vorhanden sein muss. Demnach schließt sich eine grundsätzliche Diskussionsbereitschaft an, die sich durch die Faktoren Offenheit, Interesse für andere Menschen und Meinungen und mögliche Ergebnisse einer Beziehung ergänzt (vgl. ebda.; vgl. auch KRÜGER-POTRATZ 2005, 158).

Für den Erfolg der zwischenmenschlichen Kommunikation von Menschen unterschiedlicher Herkunft ist zudem AUERNHEIMERS Verständnis interkultureller Kompetenz von Bedeutung. Er beschreibt interkulturelle Kompetenz als Trias: „Verständnis – Verstehen – Verständigung" (2000^2, 24).

Das Verständnis kann hierbei synonym mit Anerkennung und die Verständigung mit dem interkulturellen Dialog aufgefasst werden. Die interkulturelle Dialogfähigkeit setzt dabei die Anerkennung des Fremden und Verstehen voraus. AUERNHEIMER bezeichnet die Dialogfähigkeit als anspruchsvollstes Ziel der Pädagogik. Er weist wie auch BENNETT in diesem Zusammenhang darauf hin, interkulturelles Lernen als stufenweisen Prozess zu begreifen, der in kleinen Schritten erfolgt, um den interkulturellen Kompetenzerwerb zu fördern (vgl. ebda.).

Zugleich nennt AUERNHEIMER Fähigkeiten, die unter den Zielkomplex interkulturelle Kompetenz fällt:

- Anerkennung anderer kultureller Orientierungssysteme und Identifikationsstrukturen,

- Überwindung von Vorurteilen, stereotypischem Denken und Ethnozentrismus,

- kritische Distanz gegenüber der eigenen Kultur im Sinne von Selbsterfahrung und kritischer Selbstreflexion,

- Empathiefähigkeit, die es erfordert, fremde Kulturen in Bezug auf ihre Wertvorstellungen, ihre Lebensbedingungen und ihren historischen Erfahrungen zu betrachten,

- Wissen über fremde Kulturen (vgl. ebda.).

3.5 Das Verständnis interkultureller Kompetenz im Rahmen dieses Buches

In diesem Kapitel wurden wichtige Bestandteile des Konzepts Interkulturelle Kompetenz vorgestellt. Kultur versteht sich dabei als Orientierungssystem der Menschen. In diesem Orientierungssystem konstruieren die Menschen eine für sie typische Lebensumwelt, wodurch sie kulturell geprägt werden. Durch kulturelle Prägung erzeugen die Menschen einen Handlungsbereich, in dem sie agieren. Sie verinnerlichen subjektiv Bedeutungen der eigenen Kultur, während sie sie objektiv verändern und bestimmte Standards festlegen, die in ihrer Kultur gelten. Durch die Festlegung dieser Kulturstandards kristallisieren sich kulturelle Unterschiede heraus, die für interkulturelle Begegnungen von Bedeutung sind. In kulturellen Überschneidungssituationen treffen verschiedene Identitäten unterschiedlicher kultureller Prägung aufeinander. Wenn sich kulturelle Identitäten in kulturellen Überschneidungssituationen begegnen, entstehen ideologische Konflikte, die in Vorurteilen, Stereotypen und ethnozentrischen Verhalten Ausdruck finden. Interkulturelles Lernen hat dort seinen Ansatzpunkt und verfolgt das Ziel, Vorurteile und Stereotype abzubauen und Empathiefähigkeit zu fördern. Das Erreichen dieses Ziels wird in der Pädagogik in der Konstruktion von Lernarrangements gesehen, die den interkulturellen Lernprozess unterstützen. Der Prozess des interkulturellen Lernens führt schließlich zum interkulturellen Kompetenzerwerb.

Aus den dargelegten Definitionen interkultureller Kompetenz erscheint die Auffassung von LÜSEBRINK im Hinblick auf die weiteren Ausführungen von Bedeutung. Er bezieht Kommunikation, die sich mit Verständnis und Empathiefähigkeit gegenüber fremden Kulturen vollzieht mit ein und begreift interkulturelle Kompetenz als um den Kulturbegriff erweiterte Sozialkompetenz. In der weiteren Betrachtung hinsichtlich des Konzepts der Interkulturellen Kompetenz sollten die von Auernheimer vorgestellten Fähigkeiten des Konzepts Anwendung finden.

Die weiteren Ausführungen dieses Buches betrachten die Minderheiten, die in einer Mehrheitsgesellschaft leben. Der Fokus wird im Folgenden auf Jugendliche mit Migrationshintergrund in der beruflichen Bildung gelegt. Es wird der Frage nachgegangen, inwiefern die Jugendlichen in der beruflichen Bildung benachteiligt sind und welche Ressourcen sie in Bezug auf die interkulturelle Kompetenz besitzen.

Zunächst soll im folgenden Kapitel die Situation der Jugendlichen mit Migrationshintergrund in Deutschland im Hinblick auf ihre Lebensbedingungen und ihrer Bildungslage geklärt werden.

4 Die Situation der Jugendlichen mit Migrationshintergrund in der beruflichen Bildung

Das folgende Kapitel gibt Auskunft über die Bildungslage der Jugendlichen mit Migrationshintergrund im deutschen Bildungssystem. Dabei wird zunächst auf das Verständnis der Begriffe Migration und Migrationshintergrund eingegangen, woran sich die Definition der Gruppe der Jugendlichen mit Migrationshintergrund anschließt. Der Migrationshintergrund steht in einem möglichen Zusammenhang mit der Benachteiligung dieser Personengruppe, der im Folgenden kurz erläutert wird. Um die Ausführungen über den Bildungsstand und die Bildungsbeteiligung der Migrantenjugendlichen in diesem Kapitel besser einordnen zu können, ist eine kurze Übersicht über die öffentlichen und privaten Träger sowie die Hauptakteure der beruflichen Bildung notwendig. Die aufgezeigte Chancenungleichheit der Migrantenjugendlichen im deutschen Bildungssystem hat unterschiedliche Gründe. Am Schluss dieses Kapitels begründen mögliche Erklärungsansätze, warum die jugendlichen Migranten schlechtere Bildungsverläufe aufweisen als deutsche Jugendliche.

Am Anfang dieses Kapitels sind jedoch bestimmte Begriffsdefinitionen erforderlich, die im Folgenden erläutert werden.

Der Begriff Migration stammt von dem lateinischen Wort ‚migratio' ab und bedeutet Wanderung (vgl. MEINHARDT 2005, 25). Wanderungen gehen nicht nur von einzelnen Personen aus, sondern auch von Gesellschaften und Regionen, zwischen denen sich Menschen bewegen. Demnach berührt die Migration zahlreiche wissenschaftliche Disziplinen (Bsp. Wirtschaftswissenschaften, Rechtswissenschaften, Demografie, Geschichtswissenschaft, Kulturanthropologie und Ethnologie, Erziehungswissenschaft und Soziologie). Bei der Wanderung und dem oft synonym verwendeten Begriff der Migration gibt es ein engeres und weiteres Begriffsverständnis (vgl. TREIBEL 1999, 17f.). Für HOFMANN-NOWOTNY bedeutet Migration „jede Ortsveränderung von Personen" (1970, 107), während sie für EISENSTADT [den, R.L.] „Übergang eines Individuums oder einer Gruppe von einer Gesellschaft zur anderen" (1954, 1) darstellt.

Es existiert also ein differenziertes Verständnis von Migration, das zum einen das Kriterium der Entfernung in den Mittelpunkt stellt, zum anderen aber auch den Wechsel zwischen Gesellschaften bedeuten kann (vgl. TREIBEL 1999, 19). Nach TREIBEL ist Migration damit „der auf Dauer angelegte bzw. dauerhaft werdende Wechsel in eine andere Gesellschaft bzw. in eine andere Region von einzelnen oder mehreren Menschen" (1999, 21).

Im allgemeinen Sprachgebrauch bezeichnet man alle Menschen, die wandern, als Migranten. Das KONSORTIUM BILDUNGSBERICHTERSTATTUNG hingegen fasst Menschen, die einen Migrationshintergrund haben, folgendermaßen zusammen: „Personen mit Migrationshintergrund sind jene, die selbst oder deren Eltern oder Großeltern nach Deutschland zugewandert sind, ungeachtet ihrer gegenwärtigen Staatsangehörigkeit" (2006, VIII).

In diese Kategorien fallen nach dem Mikrozensus[6] folgende Personen:

- „Arbeitsmigranten (1., 2. und 3. Generation)
- (Spät-)Aussiedler (1. und 2. Generation)
- Eingebürgerte Deutsche (1. und 2. Generation)
- Deutsche mit einseitigem Migrationshintergrund" (a.a.O., 140).

Neben der Klärung der Personengruppe mit Migrationshintergrund, ist für die weiteren Ausführungen dieser Arbeit die Gruppe der Jugendlichen mit Migrationshintergrund von Bedeutung. Das Bundesministerium für Bildung und Forschung (BMBF) versteht unter dieser Personengruppe folgendes:

> „Unter „Jugendliche mit Migrationshintergrund" verstehen wir junge Menschen, deren Eltern (oder ein Elternteil) oder Großeltern im Ausland geboren wurden und als Arbeitskräfte bzw. auf der Suche nach Arbeit oder auch als Aussiedler und Aussiedlerinnen und Flüchtlinge (Kommission „Zuwanderung" 2001) nach Deutschland eingewandert sind" (BMBF 2005, 15).

Die Definitionen der Begriffe Migration und Migrationshintergrund stellen wesentliche Bestandteile für die Definition der in diesem Buch relevanten Gruppe der Jugendlichen mit Migrationshintergrund dar. Im Folgenden ist die Definition der Jugendlichen mit Migrationshintergrund maßgebend. Zudem finden die nach dem Mikrozensus unterschiedlichen Migrationstypen, sofern sie in der Definition der Jugendlichen mit Migrationshintergrund noch nicht genannt sind, Anwendung.

Exkurs

Die Definition der Jugendlichen mit Migrationshintergrund stammt aus der Ausgabe des BMBF zur Benachteiligtenförderung mit dem Titel ‚Berufliche Qualifizierung Jugendlicher mit besonderem Förderbedarf'. Daher liegt die Vermutung nahe, dass die Gruppe der Migran-

---

[6] Die Kategorisierung der einzelnen Migrantentypen ist im Sinne der Definition ‚Migrationshintergrund' an dieser Stelle sinnvoll. Die nähere Erklärung und Bedeutung des Mikrozensus wird im nächsten Kapitel erläutert.

tenjugendlichen im deutschen Bildungssystem benachteiligt ist und damit einen besonderen Förderbedarf hat. Der weitere Verlauf dieses Kapitels wird zeigen, ob Jugendliche mit Migrationshintergrund eine Benachteiligtengruppe darstellen.

Allgemein resultieren Benachteiligungen junger Menschen aus dem Zusammenwirken von äußeren Rahmenbedingungen und individuellen Voraussetzungen. Sie ergeben sich zum einen aus der Struktur des Berufsbildungs- und Beschäftigungssystems, zum anderen aus Benachteiligungen, die mit der Person zu tun haben (vgl. BMBF, 2005 12ff.).

Bei den Benachteiligungen, die sich aus der Struktur des Berufsbildungs- und Beschäftigungssystems ergeben, sind im Einzelnen das allgemein bildende Schulsystem und die Übergänge vom allgemein bildenden Schulwesen in die Berufsausbildung (1. Schwelle) und von der Berufsausbildung in die Erwerbstätigkeit (2. Schwelle) gemeint (vgl. ebda.).

Die folgende Grafik soll die Schwellenproblematik veranschaulichen:

Abbildung 5: Jugendarbeitslosigkeit an den Schwellen des Übergangs

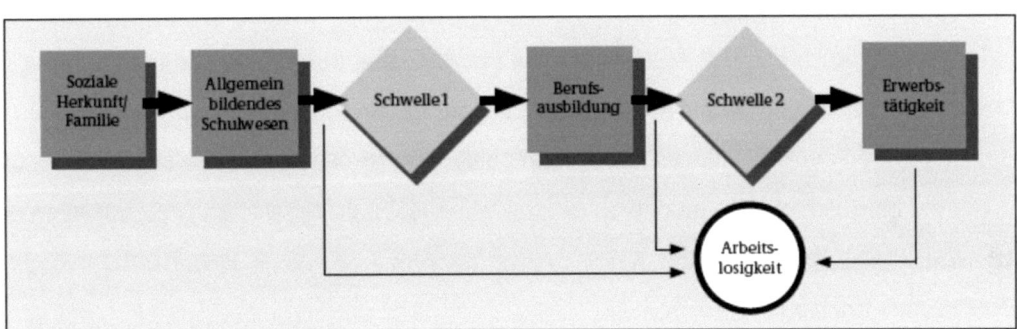

©INBAS GmbH 1997; nach Olk und Strikker 1990, 13.

Quelle: BMBF 2005, 14

Zu den Benachteiligungen, die sich aus der Person ergeben, zählen die soziale Herkunft, die schulische Vorbildung, das Geschlecht und die Nationalität oder Herkunft (vgl. ebda.).

Um zu verstehen, durch welche Institutionen eine mögliche Benachteiligung einer Personengruppe resultiert, wird zunächst erklärt, wer die Hauptakteure in der beruflichen Bildung sind. Anschließend wird auf die allgemeine Bevölkerungsstruktur der Bundesrepublik Deutschland eingegangen und auf die Struktur der speziell in dieses Buch relevanten Gruppe der Jugendlichen mit Migrationshintergrund.

4.1   Die berufliche Bildung

Die berufliche Bildung ist verfassungsrechtlich durch das Grundgesetz legitimiert (vgl. ARBEITSGRUPPE DES HESSISCHEN KULTUSMINISTERIUMS 1995, 24). Danach heißt es: „Alle Deutschen haben das Recht, Beruf, Arbeitsplatz und Ausbildungsstätte frei zu wählen" (ebda.). Die gesetzliche Regelung der beruflichen Bildung erfolgt im Berufsbildungsgesetz (BBIG). Dort ist die duale Berufsausbildung wie folgt geregelt (vgl. ebda.):

> „Die Berufsausbildung hat eine breit angelegte berufliche Grundbildung und die für die Ausbildung einer qualifizierten beruflichen Tätigkeit notwendigen fachlichen Fertigkeiten und Kenntnisse in einem geordneten Ausbildungsgang zu vermitteln. Sie hat ferner den Erwerb der erforderlichen Berufserfahrungen zu ermöglichen" (ebda. in Anlehnung an das Berufsbildungsgesetz (BBIG) §1 Absatz 2)

Die Berufsschule

Für die duale Berufsausbildung sind zum einen die Berufsschule, zum anderen die Betriebe zuständig. Nach den Beschlüssen der KMK von 1975 ist die Berufsschule ein eigenständiger Lernort und gleichberechtigter Partner. Sie hat die Aufgabe, berufliche Lerninhalte unter besonderer Berücksichtigung der Anforderungen der Berufsausbildung zu vermitteln und nimmt in Bezug auf die Berufsausbildung eine begleitende oder vorbereitende Rolle ein. Zusätzlich kann sie bei beruflichen Aus- und Weiterbildungsmaßnahmen mitwirken (vgl. SEKRETARIAT DER STÄNDIGEN KONFERENZ DER KULTUSMINISTER DER LÄNDER IN DER BUNDESREPUBLIK DEUTSCHLAND 1991, 2).

Die Berufsschule ist in eine Grundstufe und die darauf aufbauende(n) Fachstufe(n) unterteilt. Die Grundstufe bildet das erste Jahr der Berufsschule. Sie kann in einem dem entsprechenden Berufsfeld zugeordneten Ausbildungsberuf als Berufsgrundbildungsjahr in Voll- oder Teilzeit (Kooperation mit den Betrieben) durchgeführt werden, wobei die fachpraktische Ausbildung in die Vollzeitschulform mit einbezogen wird. Die Dauer des Besuchs der Berufsschule umfasst in der dualen Berufsausbildung die Dauer des Ausbildungsverhältnisses, während die Dauer des Berufsgrundbildungsjahres ein Jahr umfasst. Der Umfang und die Dauer der Berufsschulpflicht ist laut Beschluss der Kultusministerkonferenz von 1981 durch die Länder geregelt (vgl. a.a.O., 3f.).

Die berufliche Grundbildung kann auch in ein- oder zweijährigen Berufsfachschulen erfolgen. Die Berufsfachschulen umfassen im Regelfall den Sekundarbereich II[7] und dauern im Vollschulzeitbereich in der Regel mindestens ein Jahr, während sie sich im Teilzeitbereich entsprechend verlängert. Eine Berufsausbildung oder eine berufliche Tätigkeit werden nicht vorausgesetzt (vgl. SEKRETARIAT DER STÄNDIGEN KONFERENZ DER KULTUSMINISTER DER LÄNDER IN DER BUNDESREPUBLIK DEUTSCHLAND 2004, 3).

In den Berufsfachschulen kann zum einen innerhalb von zwei Jahren der mittlere Schulabschluss erworben werden, wobei der Hauptschulabschluss Voraussetzung ist. Bei höheren Eingangsqualifikationen wie bspw. der Besuch der Sekundarstufe I[8] bis zur Jahrgangsstufe zehn dauert der Besuch mindestens ein Jahr. Abschlüsse, die den Erwerb der Fachhochschulreife einschließen, richten sich nach den Beschlüssen der KMK von 1998 i.d.F. von 2001. Darin sind Regelungen über den Erwerb der Fachhochschulreife in beruflichen Bildungsgängen getroffen worden (vgl. ebda.).

Die Ziele der Berufsschule sind in der Erweiterung der allgemeinen Bildung, im besonderen jedoch in der Vermittlung der beruflichen Grund- und Fachbildung zu sehen. Damit befähigt sie Auszubildende zur Erfüllung der Aufgaben im Beruf und zur Erfüllung einer gesellschaftlichen und ökologischen Verantwortung (vgl. SEKRETARIAT DER STÄNDIGEN KONFERENZ DER KULTUSMINISTER DER LÄNDER DER BUNDESREPUBLIK DEUTSCHLAND 1991, 2). Um diese Ziele zu erreichen sind u.a. im Hinblick auf die Gruppe der Jugendlichen mit Migrationshintergrund die Beschlüsse der KMK von 1982 mit der ‚Empfehlung zu Maßnahmen beruflicher Schulen für Jugendliche, die aufgrund ihrer Lernbeeinträchtigung zum Erwerb einer Berufsausbildung besonderer Hilfe bedürfen' von Bedeutung. Die Berufsschule soll hier die Möglichkeiten ausschöpfen, um Behinderte und Benachteiligte zu stützen und zu fördern (vgl. ebda.). In diesem Zusammenhang können auch die schon in Kapitel 2.4.3 angesprochenen Empfehlungen über die Aufnahme interkultureller Inhalte in die Lehrpläne des KMK-Beschlusses von 1996 mit einbezogen werden

---

[7] Der Sekundarbereich II umfasst den Übergang in die Klassen 11 – 13 nach Beendigung der Schulpflicht i.d.R. mit dem 15. Lebensjahr. Zu den Schularten gehören in der Mehrzahl der Länder die gymnasiale Oberstufe, die Berufsschule, die Berufsfachschule und die Fachoberschule (vgl. SEKRETARIAT DER STÄNDIGEN KONFERENZ DER KULTUSMINISTER DER LÄNDER IN DER BUNDESREPUBLIK DEUTSCHLAND 2006, 31).

[8] Der Sekundarbereich I umfasst i.d.R. nach dem gemeinsamen Besuch der Grundschule in den ersten vier Jahren den Besuch der Jahrgangsstufen 5 – 10. Hierzu gehören in der Mehrzahl der Länder die Schularten Hauptschule, Realschule, Gymnasium und die Gesamtschule (vgl. ebda.).

Öffentliche und Private Bildungsträger

Neben der beruflichen Bildung gibt es öffentliche und private Bildungsträger, die BOJANOWSKI/ DEDERING/ FEIG folgendermaßen benennen:

1. „Öffentliche Träger
   a) Allgemein und berufsbildende Schulen
   b) Volkshochschulen
   c) Sonstige öffentliche Träger, z.B. Bundesanstalt für Arbeit
2. Private Träger
   a) Zweckverbände und Organisationen der Wirtschaft (Betriebe, Kammern, u.a.)
   b) Träger der freien Wohlfahrtspflege (Jugendsozialwerk, u.a.)"

(1996, 514)

4.2 Die Bevölkerungsstruktur in der Bundesrepublik Deutschland

Im Folgenden bildet die Ausgabe des KONSORTIUMS BILDUNGSBERICHTERSTATTUNG mit dem Titel ‚Bildung in Deutschland' die Grundlage der nachfolgenden Ausführungen.

Die neue Erhebung des KONSORTIUMS BILDUNGSBERICHTERSTATTUNG, veröffentlicht unter dem Titel ‚Bildung in Deutschland' stellt die statistische Erfassung der Zuwanderung in Deutschland auf eine detailliertere Grundlage (vgl. 2006, 139).

Die Erfassung der Zuwanderung war in der amtlichen Statistik bisher von einem Ausländerkonzept gekennzeichnet, dass sich an der Staatsangehörigkeit orientierte. Seit den ersten Veröffentlichungen der international vergleichenden Schulleistungsstudien IGLU[9] und PISA[10] setzte sich in der Bundesrepublik die Erkenntnis durch, dass die Pluralität der Migrationskonstellationen mit Hilfe des Ausländerkonzepts nicht entsprechend abgebildet werden konnten. Die Nichterfassung der Spätaussiedler und der eingebürgerten Personen mit eigener oder über einen Teil der Eltern relevanter Migrationserfahrung sind hier als wesentliche Kritikpunkte zum Ausländerkonzept anzuführen (vgl. ebda.).

Der neue Mikrozensus 2005 ist ein neues Verfahren und klassifiziert erstmals Daten der gesamten Bevölkerung der Bundesrepublik Deutschland nach folgenden Gesichtspunkten:

---

[9] Internationale Grundschul-Lese-Untersuchung (vgl. KONSORTIUM BILDUNGSBERICHTERSTATTUNG 2006, VII).

[10] Programme für International Student Assessment (vgl. a.a.O., VIII).

- „Staatsangehörigkeit,
- Geburtsort in Deutschland oder außerhalb,
- Zuzugsjahr,
- Einbürgerung,
- Staatsangehörigkeit; Einbürgerung und Geburtsort beider Eltern sowie
- für Kinder, Jugendliche und junge Erwachsene, die mit ihren Eltern in einem gemeinsamen Haushalt leben, analoge Angaben zu den Großeltern" (ebda.).

Der Mikrozensus 2005 ermöglicht die differenzierte Betrachtung der Zuwanderungskonstellationen nach personalen und familialen Migrationserfahrungen (1., 2. oder 3. Generation) und die Unterscheidung bezüglich des rechtlichen Status[11] (deutsch oder nicht-deutsch). Die genannten Gesichtspunkte sind hinsichtlich der Integration von Bedeutung, da die deutsche Staatsangehörigkeit politische Mitbestimmung ermöglicht und damit soziale Stabilität verleiht. Zudem geben die Migrationserfahrungen Auskunft über den Grad der kulturellen Prägung (siehe Kap. 3.2.2), des außerfamilialen und des sozialen Kontextes hinsichtlich des Herkunfts- oder Aufnahmelandes (vgl. a.a.O., 139f.).

Die nachfolgende Abbildung zeigt den Aufbau der Bevölkerung der Bundesrepublik Deutschland:

---

[11] Siehe hierzu Art. 116 GG (DEUTSCHER BUNDESTAG, 2006)

Tabelle 1: Definition und Struktur der Bevölkerung 2005 nach Migrationshintergrund und Migrationstypen

Bezeichnung des Migrationsstatus	Persönliche Zuwande-rung	Merkmale der Eltern		Deutschland	Früheres Bundes-gebiet	Neue Länder u. Berlin-Ost
		Zuwanderung	Staats-angehörigkeit	in Tsd.	in %	
Personen mit Migrationshintergrund				**15.332**	**18,6**	**21,5**	**5,2**
Ausländer				**7.321**	**8,9**	**10,2**	**2,7**
... der 1. Generation[1]	Ja			5.571	6,8	7,7	2,4
... der 2. Generation	Nein	Ja		1.643	2,0	2,4	0,3
... der 3. Generation	Nein	Nein		107	0,1	0,2	–
Deutsche				**8.012**	**9,7**	**11,3**	**2,5**
... der 1. Generation				4.828	5,9	6,8	1,6
(Spät-)Aussiedler[2]	Ja		Deutsch	1.769	2,1	2,5	0,5
Eingebürgerte[2]	Ja		Nichtdeutsch oder eingebürgert	3.059	3,7	4,3	1,2
... der 2. Generation				3.184	3,9	4,5	0,9
(Spät-)Aussiedler	Nein	Ja (beide)	Deutsch	283	0,3	0,4	0,0
Eingebürgerte	Nein (selbst ein-gebürgert)			1.095	1,3	1,6	0,1
	Nein		Mind. ein Elternteil eingebürgert				
Deutsche nach Ius-soli-Regelung	Nein	Ja	Nichtdeutsch (beide)	278	0,3	0,4	0,1
Deutsche mit einseitigem Migrationshintergrund	Nein		1. Elternteil: Deutsch 2. Elternteil: mit Migrations-hintergrund[3]	1.528	1,9	2,1	0,6
Personen ohne Migrationshintergrund	**Nein**	**Nein**	**Deutsch**	**67.133**	**81,4**	**78,5**	**94,8**
Bevölkerung insgesamt				**82. 465**	**100**	**100**	**100**

(linke Randbeschriftung: darunter)

1) Der 1. *(Zuwanderungs-)Generation* gehören alle jene Personen an, die selbst zugewandert sind; bei der 2. *Generation* sind die Personen nicht selbst, sondern nur deren Eltern zugewandert; in der 3. *Generation* sind weder die Personen selbst noch deren Eltern zugewandert, sondern Großeltern.
2) Als (Spät-)Aussiedler gelten in dieser Definition alle zugewanderten Deutschen. Es ist anzunehmen, dass einige der Befragten ihren Zuzug zugleich als Einbürgerung interpretieren und deshalb die Zahlen der (Spät-)Aussiedler unter-, der Eingebürgerten überschätzt sind.
3) Nichtdeutsch, zugewandert und/oder eingebürgert.
Quelle: Statistisches Bundesamt, Mikrozensus 2005 (vorläufige Ergebnisse)

Quelle: KONSORTIUM BILDUNGSBERICHTERSTATTUNG 2006, 140

Im Gegensatz zum früheren Ausländerkonzept stellt das neue Migrationskonzept umfangreichere und strukturell vielseitigere Daten zur Verfügung. Der Anteil der Migrantenbevölkerung beträgt nach den letzten Ergebnissen des Mikrozensus 18,6%. Das entspricht einer Bevölkerungsanzahl von 15,3 Mio. Menschen. Die bisherigen Messungen zur Ermittlung der ausländischen Population in der Bundesrepublik ergaben bisher nur rund 7,3 Mio. Ausländer. Damit ist der Anteil der Personen mit Migrationshintergrund jetzt mehr als doppelt so hoch (vgl. a.a.O., 140).

Durch die bisherige systematische Untererfassung der Migrantenpopulation ist die Größe und die Qualität der Probleme in der Bildungspolitik verkannt worden. Das neue Erhebungskonzept ermöglicht nun eine realitätsbezogene Betrachtung der Migration in Bezug auf Integrationsfragen. Durch die Erfassung der Vielfalt der Migrantenkonstellationen wird eine differenzierte Antwort der Bildungspolitik erwartet. Allerdings könnte aufgrund dieser Differenzierung die Gefahr bestehen, die politische Herausforderung entweder zu unterschätzen oder zu überdramatisieren (vgl. a.a.O., 141).

Neben dem rechtlichen Status und dem Grad der Migrationserfahrungen sind die Herkunftsstaaten, die durch unterschiedliche kulturelle Traditionen gekennzeichnet sind, als weiterer wichtiger Punkt anzuführen. Hinsichtlich der kulturellen Binnendifferenzierung der Migrantenbevölkerung lassen sich mit der Türkei, sonstigen ehemaligen Anwerberstaaten, sonstigen EU-15-Staaten, sonstigen Staaten und (Spät-)Aussiedlern fünf typische Herkunftskonstellationen unterscheiden (vgl. ebda.): Die folgende Grafik stellt die verschiedenen Herkunftsregionen grafisch dar:

Abbildung 6: Bevölkerung 2005 nach Migrationshintergrund und Herkunftsregionen

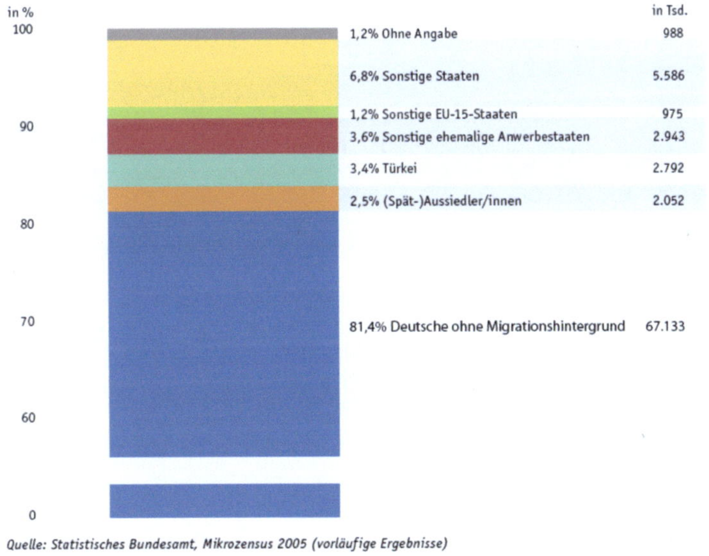

Quelle: Statistisches Bundesamt, Mikrozensus 2005 (vorläufige Ergebnisse)

Quelle: KONSORTIUM BILDUNGSBERICHTERSTATTUNG 2006, 141

Darüber hinaus ist auch die Altersstruktur der Migrantenbevölkerung je nach Herkunftsregion zu betrachten. In der Altersgruppe der Kinder unter 6 Jahren weisen 30 von 100 Kindern einen Migrationshintergrund auf. Bei den Altersgruppen 6 bis unter 10 Jahren, 10 bis unter 16 Jahren und 16 bis unter 25 Jahren, hatten immerhin noch zwischen 24 und 29 Personen einen

Migrationshintergrund. Die älteren Gruppen weisen hier einen nur halb so großen Anteil auf. Die nachfolgende Grafik zeigt die Notwendigkeit der Integration auf allen Bildungsstufen auf und differenziert nach den vorgenannten fünf Herkunftskonstellationen (vgl. a.a.O., 143).

Abbildung 7: Anteil der Bevölkerung mit Migrationshintergrund 2005 nach Altersgruppen und Herkunftsregionen (in %)

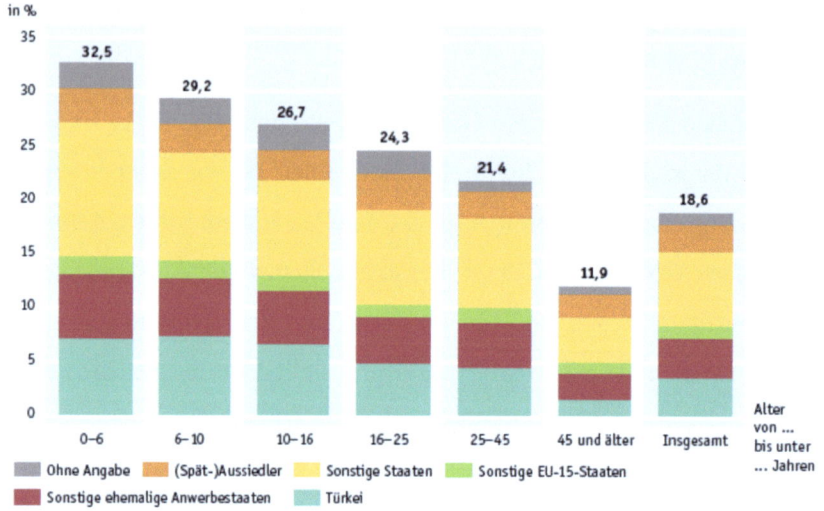

Quelle: Statistisches Bundesamt, Mikrozensus 2005 (vorläufige Ergebnisse)

Quelle: KONSORTIUM BILDUNGSBERICHTERSTATTUNG 2006, 143

Für die Bildungspolitik ist die Altersgruppe der unter 25jährigen mit Migrationshintergrund von Bedeutung. Sie ist mit 27,2% an der Gesamtbevölkerung der unter 25jährigen in der Bundesrepublik vertreten, was etwa 6 Mio. Menschen entspricht. Aufgrund des erhöhten Anteils der jungen Menschen mit Migrationshintergrund wird zugleich die Wichtigkeit der bildungspolitischen Integrationsförderung als Investition in die Zukunft unterstrichen. Die Migrantenkonstellationen sind in Bezug auf ihren Status heterogen und stellen die Bildungspolitik damit bei der Integration von Kindern und Jugendlichen vor eine große Herausforderung (vgl. a.a.O., 142).

Hinsichtlich der Struktur der jungen Bevölkerung der Migranten fällt der größte Anteil mit 10% auf die Ausländer der 1., 2. und 3. Generation, während der Anteil der (Spät-)Aussiedler mit 3,1% die kleinste Migrantengruppe darstellt. Der Anteil der eingebürgerten Kinder und Jugendlichen liegt bei 6,7% und 7,5% sind Deutsche der 2. Generation mit einem Elternteil mit Migrationshintergrund oder Deutsche auf Grundlage der Ius-soli Regelung[12]. Die Schluss-folgerung ist, dass jede bzw. jeder Zehnte der unter 25jährigen in Deutschland nicht die deut-sche Staatsangehörigkeit besitzt. Jeder Zwanzigste besitzt die deutsche Staatsbürgerschaft und ist selbst zugewandert (1. Generation), während etwa die Hälfte der jungen Menschen mit Migrationshintergrund die deutsche Staatsbürgerschaft besitzen und selbst nicht zugewandert sind (vgl. ebda.).

Abbildung 8: Bevölkerung im Alter von unter 25 Jahren 2005 nach Migrationshintergrund und Migrationstypen (in %)

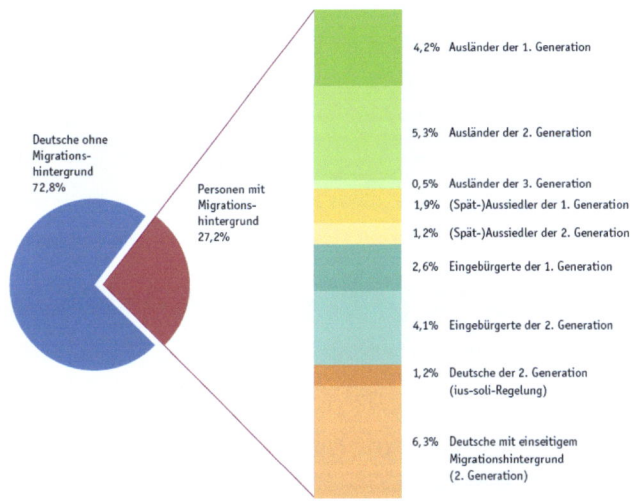

Quelle: KONSORTIUM BILDUNGSBERICHTERSTATTUNG 2006, 142

Für die weitere Betrachtung der Bildungs- und Lernprozesse der jungen Bevölkerung ist es wichtig zu wissen, wie viele Personen mit Migrationshintergrund die deutschen Bildungsein-richtungen besuchen und wie viele zugewanderte Quereinsteiger jährlich das deutsche Bil-dungssystem durchlaufen (vgl. a.a.O., 144).

Von der jungen Migrantenbevölkerung gehören 1,9 Mio. Personen zur 1. Zuwanderergenera-tion, was einem Drittel der jungen Migranten entspricht. Um die Größenordnung abschätzen zu können, mit der die Quereinsteiger die Bildungseinrichtungen besuchen, ist es von Bedeu-

---

[12] Nach dem Ius-soli Prinzip erhalten Kinder, unabhängig von ihrer Abstammung unter bestimmten Bedingun-gen die deutsche Staatsbürgerschaft. Gesetzliche Voraussetzung dafür ist, dass sich mindestens ein El-ternteil seit acht Jahren gewöhnlich in Deutschland lebt, eine Aufenthaltsberechtigung hat oder seit drei Jahren eine unbefristete Aufenthaltserlaubnis besitzt (vgl. ULRICH, R. 1999, 1)

tung, wie viele in der jeweiligen Altersgruppe im Kindes- und Jugendalter durch Zuwande-rung nach Deutschland gekommen sind. Als Quereinsteiger werden hier diejenigen jungen Migranten bezeichnet, die erst nach Beginn der Schulpflicht in das deutsche Bildungssystem einsteigen (vgl. ebda.).

Abbildung 9: Bevölkerung im Alter unter 25 Jahren mit Migrationshintergrund 2005 nach Zuwanderungszeitpunkt und Altersgruppen (in%)

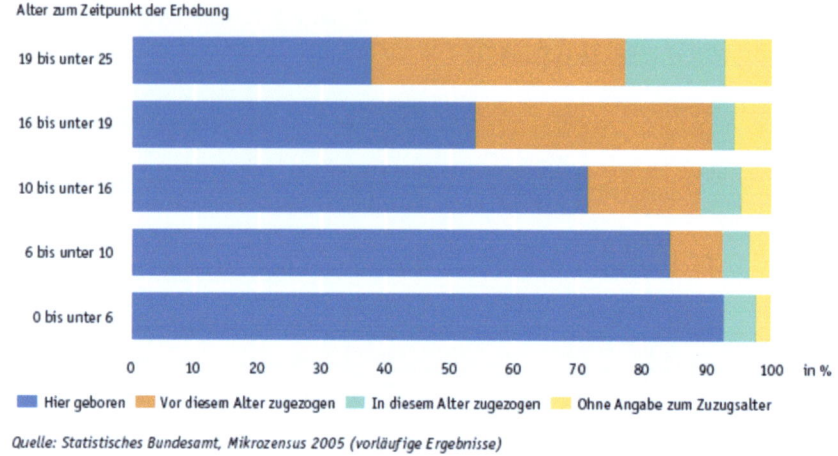

Quelle: KONSORTIUM BILDUNGSBERICHTERSTATTUNG 2006, 145

In Bezug auf die Quereinsteiger ist die Bedeutung der Migrationserfahrungen der Kinder und Jugendlichen interessant. Bei den Personen mit türkischem Migrationshintergrund ist nur jede bzw. jeder Siebente im Ausland geboren. Der Großteil der jungen türkischen Migranten wur-de in Deutschland geboren (87%). Betrachtet man die 2. Generation der anderen Migran-tengruppen, so sinkt der Anteil der in Deutschland geborenen. Bei den (Spät-) Aussiedlern wurden ca. zwei Fünftel in Deutschland geboren, während der Anteil bei den jungen Migran-ten, die den EU-15-Staaten angehören, 82% beträgt. Der Anteil der Zugewanderten aus den sonstigen Staaten macht 59% aus (vgl. ebda.).

Bei den jungen Migrantengruppen der 1. Generation, die nach Beginn der Schulpflicht in das deutsche Bildungssystem eingestiegen sind, ist der Anteil bei den (Spät-)Aussiedlern und Per-sonen aus sonstigen Staaten erheblich höher (vgl. ebda.). Der hohe Anteil bei den (Spät-) Aussiedlern ist mit Beginn der Zuwanderungswelle in den 1980er und Anfang der 1990er Jahre durch politische Umwälzungen in Osteuropa zu erklären (vgl. AUERNHEIMER 2005[4], 40). Man geht davon aus, dass sich der Anteil der (Spät-)Aussiedler der 1. Generation nahezu auflösen wird, wobei dies bei den anderen Migrantengruppen nicht zu erwarten ist. Die Aufrechterhaltung der Integrationsangebote für Quereinsteiger wird zudem dadurch bekräftigt, dass von den 780.175 Zuzügen aus dem Jahr 2004 279.661 Personen mit Migrationshintergrund aus der Altersgruppe der unter 25jährigen stammen (vgl. KONSORTIUM BILDUNGSBERICHTERSTATTUNG 2006, 144f.).

Letztendlich existiert eine hoher Anteil von Quereinsteigern in der Altersgruppe der unter 25jährigen. Zum einen gibt es einen erheblichen Anteil der Zuwanderer der 1. Generation, zum anderen sind zusätzlich die Migrantenjugendlichen zu nennen, die erst während der Sekundarschulzeit und der beruflichen Ausbildung in das deutsche Bildungssystem einsteigen (vgl. a.a.O., 145).

Neben der Aufrechterhaltung der Integrationsaufgabe für die Quereinsteiger weisen zudem die insgesamt hohen Anteile der jungen Personen, die in Deutschland geboren wurden, auf eine günstige Chance für Integrationsmaßnahmen vor dem Schulbeginn hin (vgl. ebda.).

4.3 Der Bildungsstand und die Bildungsbeteiligung Jugendlicher mit Migrationshintergrund

Das Kapitel zum Bildungsstand der Personen mit Migrationshintergrund berücksichtigt zum einen die Migranten der 1. Zuwanderergeneration, die ihre schulische und berufliche Ausbildung in ihrem Heimatland absolviert haben, zum anderen die Migranten der 2. und 3. Generation, die das deutsche Bildungssystem durchlaufen und allgemeine und berufliche Bildungsabschlüsse erworben haben. Bei der Betrachtung des Bildungsstandes der Personen mit und ohne Migrationshintergrund ist festzuhalten, dass die Altersgruppe der 25 bis 45jährigen ein deutlich höheres Bildungsniveau besitzt als die Altersgruppe der 45 bis 65jährigen. Unterscheidet man innerhalb dieser Altersgruppen nach Einheimischen und Migranten, so haben die Einheimischen ein höheres Bildungsniveau vorzuweisen als die Migranten. Noch gravierender sind die Unterschiede bei der gesamten Population mit und ohne Migrationshintergrund, die keinen Berufsabschluss vorweisen. Allerdings sind hier die Personen der Altersgruppe der 15 bis 25jährigen nicht mitberücksichtigt, da man davon ausgeht, dass sich eine Vielzahl der Personen noch in einer Ausbildung befindet. Der Mikrozensus berücksichtigt den Bildungsstand der Altersgruppen erst ab 25 Jahren. (vgl. KONSORTIUM BILDUNGSBERICHTERSTATTUNG 2006, 145f.).

Die Zielgruppe, auf die sich diese Arbeit bezieht, sind die Personen der Altersgruppe 15 bis 25 Jahre mit Migrationshintergrund. Die folgenden Seiten veranschaulichen die Bildungsbeteiligung der jugendlichen Migranten und geben damit Einblick in die besuchten Bildungsgänge im deutschen Schulsystem (Grundschule, Hauptschule, Realschule und Gymnasium) sowie den Übergang in die Berufsausbildung und in das Erwerbsleben.

4.3.1   Die Übergänge im allgemein bildenden Schulwesen

Die Grundlage für die folgenden Ergebnisse bilden die PISA-2000-Daten[13]. Die folgende Betrachtung der Schüler bei den Übergängen im allgemein bildenden Schulwesen unterscheidet sich nach den unterschiedlichen Migrantentypen.

Die Schüler aus sonstigen Staaten sind in der Regel an Realschulen und Gymnasien anzutreffen, während die Schüler mit mindestens einem Elternteil aus der Türkei, den sonstigen Anwerberstaaten und der ehemaligen Sowjetunion überwiegend Haupt- und Realschulen besuchen. Hinsichtlich der zuletzt genannten Herkunftsregionen existieren erhebliche Unterschiede. Jeder zweite türkische Schüler besucht die Hauptschule und nur jeder achte das Gymnasium. Bei den sonstigen Anwerbestaaten sind ein Drittel an einer Hauptschule anzutreffen und ein Viertel besucht das Gymnasium (vgl. KONSORTIUM BILDUNGSBERICHTERSTATTUNG 2006, 151).

Diese Ergebnisse des Bildungsverhaltens der jugendlichen Migranten sind schon beim Übergang von der Grundschule zu einer weiterführenden Schule zu beobachten. Direkt nach dem Übergang sind sie häufiger an Hauptschulen anzutreffen als Jugendliche ohne Migrationshintergrund und durchlaufen selten später noch einen höheren Bildungsgang. Selbst von den wenigen Migrantenjugendlichen, die nach der Grundschule auf dem Gymnasium anzutreffen sind, verbleiben nur 77% bis zur 9. Jahrgangsstufe (83% ohne Migrationshintergrund). In den Realschulen sind es sogar nur 73% (84% ohne Migrationshintergrund). Damit fallen insgesamt 20% der jugendlichen Migranten in die Hauptschule zurück (10% ohne Migrationshintergrund) (vgl. a.a.O., 152).

---

[13] Hier wurde auf die PISA-2000-Daten zurückgegriffen, da diese Angaben zu Grundschulempfehlungen, Schulbesuch in den Jahrgangsstufen 5-7 und die zum Zeitpunkt der Befragung besuchte Schulform enthält. Diese Daten fehlen in der PISA-2003 Untersuchung (vgl. KONSORTIUM BILDUNGSBERICHTERSTATTUNG 2006, 151).

Aufgrund dieser Rückfallquoten durchlaufen Schüler mit Migrationshintergrund das Schulsystem mit größerer Verzögerung, wobei die höchsten Wiederholeranteile in den Grundschulen beobachtet wurden. Das Wiederholungsrisiko ist hier viermal höher als bei Schülern ohne Migrationshintergrund. Bei der Analyse der Klassenwiederholungen ist allerdings der Besuch von Sonderschulen nicht berücksichtigt worden, wobei sich hier oft eine hohe Anzahl von Kindern mit Migrationshintergrund befindet. Betrachtet man die Wiederholeranteile nach Herkunftsregionen, so stellen türkische Kinder die höchsten Anteile, wobei die (Spät-)Aussiedlerkinder und Kinder aus den restlichen Anwerbestaaten ebenfalls einen großen Anteil ausmachen (vgl. ebda.).

Die aufgeführten Disparitäten bei der Bildungsbeteiligung der Migrantenjugendlichen müssen auch vor dem Hintergrund der großen länderspezifischen Unterschiede in der Bevölkerungsstruktur betrachtet werden. Neben Ländern wie beispielsweise Bremen und Hamburg, die einen sehr hohen Anteil an Migranten aufweisen, existiert in anderen Ländern (Bayern, Schleswig-Holstein) ein niedriger Anteil. Die Gründe hierfür sind in verschiedenen Mustern der Einwanderung und in der Einwanderungspolitik zu sehen, die von der Bildungspolitik nicht beeinflusst werden kann, aber die dortigen Schulen vor große Herausforderungen stellen (vgl. a.a.O., 153).

4.3.2 Übergänge in die Berufsausbildung

Die Daten der Berufsausbildungsstatistik[14] lassen erkennen, dass Jugendliche mit Migrationshintergrund deutlich schlechtere Chancen besitzen, einen Ausbildungsplatz zu erhalten als einheimische Jugendliche. Der Anteil der Migrantenjugendlichen in den zu besetzenden Ausbildungsstellen ist in der Altersgruppe der 15 bis 25jährigen relativ gering (vgl. KONSORTIUM BILDUNGSBERICHTERSTATTUNG 2006, 153). Dies verdeutlicht die nachfolgende Tabelle für die Jahre 1993 bis 2004:

---

[14] Vgl. Berufsausbildungsstatistik im Berufsbildungsbericht (BMBF 2006, S. 41 ff.)

Abbildung 10: Ausländeranteil an Auszubildenden in Westdeutschland 1993 bis 2004

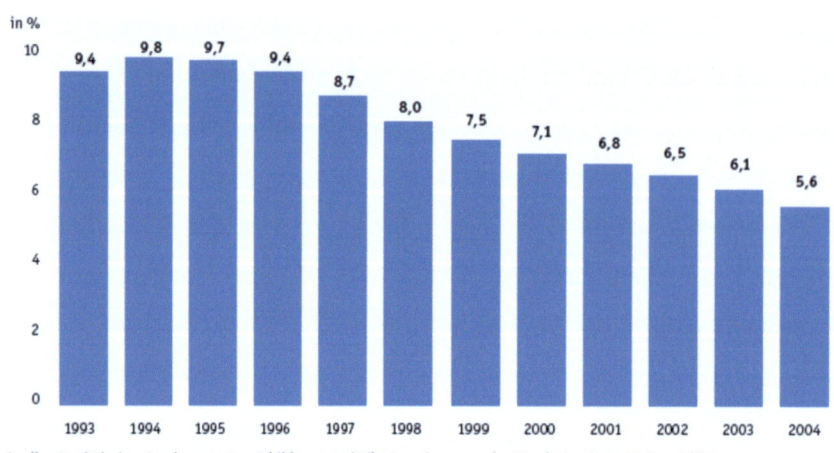

Quelle: *Statistisches Bundesamt, Berufsbildungsstatistik; Berechnungen des Bundesinstituts für Berufsbildung*

Quelle: KONSORTIUM BILDUNGSBERICHTERSTATTUNG 2006, 154

Um herauszufinden, welche Bildungswege Hauptschüler mit und ohne Migrationshintergrund einschlagen, hat das Deutsche Jugendinstitut (DJI) anhand eines Übergangspanels einen Vergleich dieser jeweiligen Bildungswege aufgezeigt. Die Untersuchung wurde im Zeitraum März 2004 bis November 2005 durchgeführt. Das Ergebnis dieser Vergleichsstudie zeigt, dass mehr Migrantenjugendliche im November 2004 häufiger eine Schule besuchten, um allgemeine Bildungsabschlüsse zu erwerben. Sie waren dadurch weniger in einer Berufsausbildung anzutreffen. Die Tendenz der Fortführung des Bildungsweges in Vollzeitschulen setzte sich bis November 2005 fort. Darüber hinaus fand die Fortführung ihrer Bildungslaufbahn häufiger in berufsvorbereitenden Maßnahmen (BV) statt als bei Jugendlichen ohne Migrationshintergrund. Hinzu kommt, dass die Gruppe der Migrantenjugendlichen besonders häufig den Weg von berufsvorbereitenden Maßnahmen zurück in die Schule gehen (vgl. a.a.O., 154).

Im Gesamtergebnis des Panels besuchten nach Ende der Vollzeitschulpflicht im November 2005 noch 34% der ehemaligen Hauptschüler mit Migrationshintergrund Vollzeitschulen (21% in der Vergleichsgruppe). Dem gegenüber stehen 37% der Migrantenjugendlichen in einer Berufsausbildung (53% in der Vergleichsgruppe) (vgl. ebda.).

Die vorgenannten Übergangswege der ehemaligen Hauptschüler mit Migrationshintergrund unterscheiden sich hinsichtlich des Geschlechts und der nationalen Herkunft, wobei die Geschlechterdifferenzen eher gering ausfallen. Mädchen planen häufiger als Jungen ihre nächsten Qualifizierungsmaßnahmen innerhalb der Schule (35% gegenüber 26%). Sie besuchen auch anderthalb Jahre später noch die Schule, während sich die Jungen öfter in der Berufsausbildung befinden (38% gegenüber 34%) (vgl. ebda.). Hohe Differenzen finden sich hingegen in der Unterscheidung nach Herkunftsregion. Hier haben die türkischen Migrantenjugendlichen die nierigste Ausbildungsquote, die (Spät-)Aussiedler die höchste. Damit ist offensichtlich, dass die Integration der Migrantenjugendlichen aus der Türkei weniger gelingt (vgl. a.a.O., 154f.).

Die Dimension der Chancenungleichheit zwischen Jugendlichen mit und ohne Migrationshintergrund zeigt eine Hamburger Studie. Sie untersuchte die Leistungen, Motivationen und Einstellungen vor Eintritt in die Berufsausbildung (ULME). Die Zielgruppe dieser Untersuchung umfasste einen gesamten Jahrgang des Schuljahres 2003/04 mit 13048 Schülern. Obwohl die Untersuchung in einem Stadtstaat stattfand, bestätigt die ULME-Untersuchung allgemeine Tendenzen in der beruflichen Bildung und stellt die Berufsbildungspolitik vor zwei wichtige Herausforderungen. Die Ergebnisse zeigen eine unterschiedliche Repräsentanz der Jugendlichen mit und ohne Migrationshintergrund (vgl. a.a.O., 155):

- Ausländische Jugendliche weisen beim Eintritt in die beruflichen Schulformen (teilqualifizierende und vollqualifizierende Berufsfachschule, Berufsschule) das niedrigste Niveau der allgemeinen Fächerleistungen bei Ausbildungsbeginn auf. Besonders betroffen sind Schüler türkischer, iranischer und afghanischer Nationalität, während Schüler der Europäischen Union (EU), Russland und Südostasien bessere Leistungen erbrachten. Bei Deutschen mit und ohne Migrationshintergrund ist die Differenz des Leistungsniveaus geringer. Für eine Verbesserung der Ausbildungsvoraussetzung ist daher eine gezielte Förderung der Schüler erforderlich (vgl. a.a.O., 156).

- Ist die allgemeine Fächerleistung gleichermaßen hoch, ist die Chance der deutschen Jugendlichen eine vollqualifizierende Berufsfachschule oder eine Berufsschule zu besuchen doppelt so hoch wie bei den Migrantenjugendlichen. Ohne die Kontrolle dieser Fächerleistungen wäre diese Chance sogar fünfmal so hoch (vgl. ebda.).

Die Tendenz der Ergebnisse wurde durch eine Repräsentativbefragung der Bundesagentur für Arbeit (BA) und des Bundesinstitutes für Berufsbildung (BIBB) von den 740.000 gemeldeten Bewerbern um eine Ausbildungsstelle bestätigt (vgl. ebda.).

Letztendlich zeigt sich, dass die Wahrscheinlichkeit einen Ausbildungsplatz zu erhalten, bei den Migrantenjugendlichen erheblich geringer ist als bei Deutschen (29% gegenüber 40%). Beim mittleren Bildungsabschluss bis zur Fachhochschulreife liegen die Werte der Migrantenjugendlichen bei 34% gegenüber 47% bei den Deutschen. Bezieht man gute oder sehr gute Mathekenntnisse mit ein, steigt die Einmündungsquote auf 41% bzw. 64%. Damit liegt nahe, dass die Migrantenjugendlichen deutlich bessere schulische Leistungen erbringen müssen, um einen Ausbildungsplatz zu erhalten (vgl. ebda.).

Auch bei den regionalen Arbeitsmarktbedingungen zeigt sich eine deutliche Entwicklung ab. Bei einer Arbeitslosenquote am Heimatort von 9% beginnen nur 44% der jugendlichen Migranten eine Ausbildung, während dies 71% der Deutschen tun. Damit führen die ungleichen Chancen von jungen Migranten beim Zugang zu einem Ausbildungsplatz zu „[…] niedrigen und im Zeitverlauf sinkenden Anteilen ausländischer Jugendlicher an der qualifizierten Berufsausbildung" (ebda.).

4.3.3   Der Übergang ins Erwerbsleben

Der Weg in das Erwerbsleben ist in den letzten Jahren in Deutschland schwieriger geworden. Davon sind nicht nur Menschen mit Migrationshintergrund betroffen, sondern auch die Einheimischen. Allerdings ist ohne die berufliche Integration der Migrantenpopulation deren dauerhafte gesellschaftliche Integration nicht möglich. Junge Erwachsene haben beim Übergang ins Erwerbsleben größere Schwierigkeiten zu bewältigen als junge Deutsche. In der Gruppe der 20 bis 26jährigen wird dies deutlich. Jedoch sind auch hier die unterschiedlichen Migrantenkonstellationen zu beachten (vgl. KONSORTIUM BILDUNGSBERICHTERSTATTUNG 2006, 158).

Junge Deutsche sind in dieser Altersgruppe entweder häufiger in einer Ausbildung oder erwerbstätig, während die gleichaltrigen jungen Migranten häufiger erwerbslos sind. Die hohe Nichterwerbsquote der Migranten in dieser Altersgruppe und die Schwierigkeiten beim Übergang ins das Erwerbsleben der jugendlichen Migranten sind gegenüber den deutschen Altersgenossen auf das schulische Vorbildungsniveau zurückzuführen. Deutsche Jugendliche haben ebenfalls Schwierigkeiten beim Eintritt in das Erwerbsleben, wenn sie ein geringeres Vorbildungsniveau aufweisen (vgl. a.a.O., 159).

Im Allgemeinen steigen bei höherer schulischer Vorbildung die Erwerbschancen für zugewanderte und deutsche Jugendliche. Jedoch bleibt festzuhalten, dass die Chancen einer Erwerbstätigkeit bei jungen Migranten, selbst bei gleicher Qualifikation (ohne Schulabschluss, Hauptschul-/ Realschulabschluss oder Hochschulreife), geringer ausfallen als bei den jungen

Deutschen. Diese Feststellung ist nicht nur auf die Arbeitslosenquote zurückzuführen, sondern vielmehr auf die geringe Erwerbstätigkeitsquote bei allen Qualifikationsgruppen. Bei den Jugendlichen ohne Schulabschluss sind die Hälfte Migrantenjugendliche und gehören zu den Nichterwerbspersonen. Diese Erkenntnis weist zudem darauf hin, dass das Arbeitskräftepotenzial der jungen Migranten nicht ausgeschöpft ist (vgl. ebda.).

Betrachtet man die Gruppen mit Migrationshintergrund nach Herkunftsregionen, so lässt sich in Bezug auf die Erwerbstätigkeit eine Differenzierung beobachten. Die jungen Türken sind zu 16% erwerbslos oder Nichterwerbspersonen (23%)[15], während sich 24% in Ausbildung und 37% in Beschäftigung befinden. Im Gegensatz zu den jungen Türken absolvieren ca. die Hälfte der Jugendlichen aus den EU-15-Staaten eine Ausbildung und 37% sind erwerbstätig. Wenige sind erwerbslos (7%). Zwischen dieser starken Polarisierung befinden sich die (Spät-) Aussiedler und Jugendliche aus sonstigen Staaten, wobei sich die zuletzt genannte Gruppe dem negativen Pol annähert. Die dargelegten Unterschiede sind auf das allgemeine und berufliche Vorbildungsniveau der Jugendlichen mit unterschiedlichen Migrationskonstellationen zurückzuführen (vgl. a.a.O., 159f.).

Zwischen den Migrantengruppen der 1. und 2. Generation sind Unterschiede im Grad der beruflichen Integration festzustellen. Dies wird sowohl durch den höheren Anteil der Jugendlichen der 2. gegenüber denen der 1. Generation, die sich in der Ausbildung oder in einer Erwerbstätigkeit befinden, deutlich als auch durch den höheren Anteil derjenigen der 1. Generation, die nicht erwerbstätig sind (vgl. a.a.O., 160).

Neben der ethnischen Herkunft und dem Zuwanderungszeitpunkt spielt die unterschiedliche Stellung des Geschlechts in der jeweiligen Kultur bei der beruflichen Integration offensichtlich eine tragende Rolle. Die Quote der erwerbslosen Frauen mit Migrationshintergrund liegt mit 23% deutlich höher als bei einheimischen Frauen (unter 10%). Erheblich sind die Unterschiede zwischen den erwerbslosen Türkinnen und den Migrantinnen aus den sonstigen Staaten (37% gegenüber 24%). Im Vergleich sind bei erwerbslosen Männern hingegen deutlich niedrigere Werte zu verzeichnen (6% und 9%). Dies lässt auf verstärkte Rollenstereotype zwischen Männern und Frauen schließen (vgl. ebda.).

---

[15] Erwerbslose sind Personen, die in keinem Arbeitsverhältnis stehen bzw. nicht selbstständig oder freiberuflich tätig sind. Zudem sind sie aktiv auf Arbeitssuche und sofort verfügbar. Nichterwerbslose sind hingegen weder erwerbstätig noch erwerbslos (vgl. STATISTISCHES BUNDESAMT 2007).

Die Betrachtung des Übergangs von der Ausbildung in die Erwerbstätigkeit verdeutlicht die Chancenungleichheit von jungen Menschen mit und ohne Migrationshintergrund und zwischen den unterschiedlichen Herkunftsgruppen. Es lassen sich Probleme auf dem Arbeitsmarkt und in der Ausbildungs- und Arbeitsmarktpolitik identifizieren. Zum einen liegt bei den zugewanderten Migranten ein Ausbildungs- und Qualifizierungsproblem vor, zum anderen liegt das Problem auf der kulturspezifischen Erwerbsbeteiligung der Frau. In Bezug auf die zentrale Rolle der Frau in der Erziehung sollte das Problem der Integration ernst genommen werden (vgl. ebda.)

Anhand der vorangegangenen Ausführungen können folgende Kernaussagen zusammenfassend festgehalten werden:

- Im allgemeinbildenden Schulwesen verzögert sich die Schullaufbahn der Migrantenjugendlichen durch häufige Abstiege und Wiederholungen in der Grund-, Haupt- und Realschule. Insgesamt fallen ca. 20% der jugendlichen Migranten in ihrer Schullaufbahn in die Hauptschule zurück. Dies ist auch auf die sprachlichen Defizite zurückzuführen.

- Grundsätzlich haben jugendliche Migranten größere Probleme beim Übergang in eine Berufsausbildung als die deutsche Vergleichsgruppe.

- Die Fortführung der Bildungslaufbahn findet nach Ende der Vollzeitschulpflicht weiterhin häufiger in Schulen in Formen der Berufsvorbereitung statt (BV oder BvB) und nicht in einer Berufsausbildung.

- Migrantenjugendliche sind sowohl bei niedrigen schulischen Vorleistungen als auch bei gleichen schulischen Vorleistungen schlechter gestellt als ihre Altersgenossen. Sie benötigen daher bessere Leistungen um einen Ausbildungsplatz zu bekommen als deutsche Jugendliche.

- Die jungen Migranten erfahren aufgrund eines geringeren Bildungsniveaus eine geringere Integration in das Erwerbssystem. Dies gilt ebenfalls für Migrantenjugendliche, die ein gleiches Bildungsniveau aufweisen.

- Frauen sind aufgrund kulturspezifischer Rollenmuster (bspw. in einer türkischen Familie) seltener erwerbstätig als Männer.

Aufgrund der aufgezeigten Ergebnisse des Bildungsstandes und der Bildungsbeteiligung schneiden jugendliche Migranten im deutschen Schulsystem und bei den Übergängen in die berufliche Ausbildung sowie die Erwerbstätigkeit deutlich schlechter ab als deutsche Jugendliche. Der nächste Abschnitt stellt mögliche Erklärungsversuche vor.

4.4   Erklärungsversuche

Die vorangegangenen Ausführungen haben ein deutlich schlechteres Abschneiden der jugendlichen Migranten im deutschen Bildungssystem geschildert. In der Literatur finden sich mit der Kulturkonflikt- und Defizithypothese, dem humankapitalistischen Erklärungsansatz, der institutionellen Diskriminierung und der Unterbewertung interkultureller (Basis-) Kompetenzen vier mögliche Erklärungsansätze, die die schlechtere Bildungslage der Jugendlichen mit Migrationshintergrund begründen können

4.4.1   Die Kulturkonflikt- und Defizithypothese

Die Kulturkonflikt- bzw. Defizithypothese geht von der Annahme aus, dass die Migranten, die nach Deutschland immigrieren, durch Werte, Normen, Einstellungs- und Verhaltensmuster durch ihre Herkunftskultur charakterisiert sind. Dadurch werden die jugendlichen Migranten beim Aufbau ihrer Bildungskarriere gegenüber deutschen Jugendlichen benachteiligt. GROSCH/LEENEN und KREIDT 1990 und ALBA, HANDL und MÜLLER 1994 gehen davon aus, dass bei der Analyse der Entwicklung ethnischer Ungleichheit, der jeweilige Migrationsstatus berücksichtigt werden müsse (vgl. DIEFENBACH 2002, 45). ALBA/ HANDL/ MÜLLER argumentieren:

> „Die erste Generation der Immigranten ist noch zu stark von der Sozialisation in der Gesellschaft des Herkunftslandes sowie von den direkt mit der Migration verbundenen Nachteilen betroffen, um die Gelegenheitsstrukturen in der neuen Gesellschaft richtig ausschöpfen zu können" (1994, 212).

ALBA/ HANDL/ MÜLLER nennen die zu starke kulturelle Prägung des Herkunftslandes als Begründung für die geringen Karrierechancen der Migrantenjugendlichen in Deutschland (vgl. ebda.). Die Möglichkeit zur Gleichstellung mit den deutschen Jugendlichen im deutschen Bildungssystem kann daher erst erreicht werden, wenn sich die eigenen Kulturstandards durch Assimilationsprozesse verändern (vgl. DIEFENBACH 2002, 45). DIEFENBACH weist in diesem Zusammenhang auf die Problematik hin, allen Migranten aus unterschiedlicher Herkunft, Defizite zu attestieren. Das Wissen über Migranten reiche nicht aus, um allen dieselben Defizite zu bescheinigen. Daher liegt die Vermutung nahe, dass die Herkunftskulturen aufgrund der

Kulturkonflikt- bzw. Defizithypothese als zu stark homogen betrachtet werden (vgl. a.a.O., 46).

Auch GRANATO geht bei der Diskussion über die Entwicklung des Forschungsstandes zur Lebenslage jugendlicher Migranten auf die Kulturkonflikt- bzw. Defizithypothese ein. Sie schließt sich den Ausführungen von DIEFENBACH und ALBA, HANDL, MÜLLER an, die Aussagen über Defizite der Migrantenjugendlichen beim Zugang zum deutschen Bildungssystem gegenüber den deutschen Jugendlichen treffen. Bei der Begründung für die Defizithypothese stützt sie sich auf die Kulturkonflikthypothese und schenkt den Mädchen besondere Beachtung (vgl. 1999, 96f.):

> „´Defizite´werden z. B. mit der ´dysfunktionalen´ Sozialisationsfunktion der Mütter und Familien insgesamt und letztlich mit der angenommenen Andersartigkeit der Jugendlichen und insbesondere der Mädchen im Hinblick auf ihre Einstellungen, Werte, Handlungen und Verhaltensweisen interpretiert" (GRANATO 1999, 97).

Die Diskurse über die Kulturkonflikt- bzw. Defizithypothese sind Gegenstand von Integrationsentwürfen. Die sozialisationstheoretischen Ansätze sind in der Forschung über Jugendliche mit Migrationshintergrund immer auch mit der Frage der Integration verbunden. Dabei interessiert sich die Forschung im Hinblick auf die Integration besonders für Lebenslagen und Sozialisation sowie die pädagogische und sozialpädagogische Praxis jugendlicher Migranten der 2. Generation (vgl. a.a.O., 98). Diese Ansätze der Sozialisationsforschung widmen sich Fragen der En- bzw. der Akkulturation (siehe Kap. 3.2.2) der 2. Generation. Hierbei stehen die Identitätsbildung und –veränderung (siehe Kap. 3.2.4) sowie das ethnische Selbstbild im Spannungsfeld von Minderheiten und der Aufnahmegesellschaft im Mittelpunkt (vgl. ebda.). Demnach sind nach der Kulturkonflikthypothese bei der Eingliederung der jungen Migranten (2. Generation) und dem Aufeinandertreffen unterschiedlicher Erwartungssysteme Identitätsstörungen zu erwarten (vgl. HILL 1990, 101).

4.4.2 Der humankapitalistische Erklärungsansatz

Um die Anpassungsschwierigkeiten der Jugendlichen mit Migrationshintergrund beim Übergang von der allgemeinbildenden Schule in die Berufsausbildung zu erklären, greift SEUBERT den theoretischen Ansatz des französischen Soziologen PIERRE BOURDIEU auf. Darin schreibt BOURDIEU dem Bildungsbereich die Aufgabe der Vermittlung von kulturellem Kapital oder Bildungskapital zu. Sein Erklärungsmodell geht vom Menschen als Träger von sozialem Kapital aus. Demnach versteht man kulturelles Kapital als eine Vielzahl von Merkmalen des Individuums im Kontext der sozialen Handlungsmöglichkeiten innerhalb seines sozialen Milieus, in dem es sich befindet (vgl. SEUBERT 2006, 12f. in Anlehnung an BOURDIEU 1997). „Soziales Kapital im erweiterten Sinn wird verstanden als eine Eigenschaft einer gesellschaftlichen ethnischen oder sozialen Gruppe oder einer Gesellschaftsklasse" (a.a.O., 13). Innerhalb dieses Milieus existiert ein Handlungs- und Entwicklungsrahmen, in dem das Individuum seine Umgangs- und Interaktionsräume definiert. Sie sind durch unsichtbare Grenzen abgetrennt und durch eine Hierarchie gekennzeichnet, so dass ein Wechsel aus dem sozialen Milieu schwierig erscheint. Das soziale Milieu stellt durch die Individuen soziales und kulturelles Kapital zur Verfügung (vgl. ebda.).

Bezieht man den Ansatz BOURDIEUS auf die Selektions- und Allokationsmechanismen der Institution Schule, so rückt die Vermittlung von schichtspezifischem kulturellen Kapital in den Mittelpunkt. Dies wird am Beispiel des dreigliedrigen deutschen Schulsystems deutlich (vgl. ebda.).

Nach dem humankapitalistischen Ansatz ist festzustellen, dass sich die soziale Schichtung des deutschen Bildungssystems durch Selektion der Migrantenjugendlichen aus kulturell unterschiedlichen Räumen in die einzelnen Schulformen verschärft hat. Dies wird schon dadurch deutlich, dass die Grund- und Hauptschulen mit der Aufgabe, sprachliche, bildungstechnische und kulturelle Defizite abzubauen, überfordert sind. Zudem hat sich die Vermittlung von sozialem Kapital durch die Hauptschule reduziert, worauf sie sich in eine Migrantenschule und nicht zuletzt in eine Restschule entwickelte. Im Gegensatz dazu entwickelte sich das höhere Schulwesen quantitativ und qualitativ weiter (vgl. ebda.).

Die Hauptschulen weisen die gleiche Schülerpopulation auf, wenn sie aus einer sozial homogenen Unterschicht oder aus einem hohen Ausländeranteil besteht. Trotz der weiteren differenzierten Förderung einzelner Schüler entlasten die Hauptschulen weiterhin die höheren Schulformen, in dem sie leistungsschwache Schüler aufnehmen (vgl. a.a.O., 14).

> „Mit dieser Entmischung der Schülerpopulation geht im Sinne BOURDIEUS eine Abnahme des auf Bildungsprozesse bezogenen „kulturellen Kapitals" durch Abschottung gegenüber positiv anregenden Milieus bei den Hauptschülern einher" (SEUBERT 2006, 14; in Anlehnung an BOURDIEU 1997).

Aufgrund der sozialen Benachteiligung der Migrantenjugendlichen verschlechtern sich die Möglichkeiten erfolgreicher Bildungsverläufe. Obgleich sie einen erhöhten Förderbedarf haben, wird die Integration aufgrund der Entmischung der Schülerpopulation und der Sozialisation in abgeschotteten Milieus nicht unterstützt. Vielmehr fördert die Bildungsferne und die soziale und kulturelle Distanz durch Trennung der Migrantenjugendlichen die Benachteiligung (vgl. ebda.).

4.4.3 Die institutionelle Diskriminierung

Im Gegensatz zum Vorurteilsansatz von ALLPORT 1954 (vgl. auch Kap. 3.2.5), bedeutet der Begriff ,institutionelle Diskriminierung'

> „[…] Rassismus und Sexismus als Ergebnis sozialer Prozesse. Das Wort „institutionell" lokalisiert die Ursachen von Diskriminierung im *organisatorischen Handeln* in zentralen gesellschaftlichen Institutionen (z. B. im Bildungs- oder Ausbildungssektor, durch die Polizei oder im Ausbildungswesen) speziell unter Gesichtspunkten der Ungleichheit (GOMOLLA 2003, 99).

Die Untersuchung der Diskriminierung wird dabei nicht auf einzelne Organisationen (bspw. Schulen, Schulämter) bezogen. Um die institutionelle Diskriminierung sichtbar zu machen, benötigt man einen Zusammenhang von breiteren sozialen Prozessen und organisatorischen Entscheidungsmechanismen. Dieser Zusammenhang verursacht, dass bestimmte soziale Gruppen weniger Leistungen und Belohnungen erhalten als klar identifizierbare Vergleichsgruppen (vgl. GOMOLLA 2003, 99; in Anlehnung an ALVAREZ 1979). Die legitimierte Verteilung von Leistungen und Belohnungen in Organisationen erfolgt unter den Einflussfaktoren soziale Herkunft, ethnische Zugehörigkeit und Geschlecht. Die entscheidende Frage in diesem Zusammenhang ist, welche institutionellen und organisatorischen Faktoren die sozialen, ethnischen und geschlechtsspezifischen Merkmale einfließen lassen und damit ihre Entscheidungen rechtfertigen (vgl. GOMOLLA 2003, 100).

Um die Wirkungsweisen der institutionellen Diskriminierung analytisch darzustellen, ist zusätzlich eine Unterscheidung zwischen direkter und indirekter Diskriminierung notwendig (vgl. ebda.).

> „Unter direkter Diskriminierung werden regelmäßige intentionale Handlungen in Organisationen verstanden. Dies können einerseits hochformalisierte, gesetzlich-administrative Regelungen sein, andererseits aber auch informelle Praktiken, die in der Organisationskultur als Routine abgespeichert sind.
>
> Der Begriff der indirekten institutionellen Diskriminierung zielt dagegen auf die gesamte Bandbreite institutioneller Vorkehrungen, die (ob beabsichtigt oder unbeabsichtigt) Angehörige bestimmter Gruppen, wie ethnischer Minderheiten, überproportional negativ treffen. Mechanismen indirekter resultieren oft aus der An-

wendung gleicher Regeln, die bei verschiedenen Gruppen grundsätzlich ungleiche Chancen zur Folge haben" (Gomolla 2003, 100; in Anlehnung an FEAGIN und FEAGIN 1986).

Im Hinblick auf die Benachteiligung der Jugendlichen mit Migrationshintergrund führt auch GRANATO die institutionelle Diskriminierung auf. Im Bereich der Organisation Schule kritisiert Granato die mangelnde Förderung der Migrantenjugendlichen und die monokulturellen Selektionsmechanismen des deutschen Schulsystems (vgl. 2003, 478).

Die empirische Untersuchung von GOMOLLA an Bielefelder Schulen belegt, dass die Benachteiligungen der Migrantenkinder überwiegend auf die Institution Schule zurückzuführen sind. Die Untersuchung identifiziert sowohl direkte als auch indirekte Diskriminierungsmechanismen in der Grundschule und der Sekundarstufe. In Grundschulen wirkt die Einrichtung von ‚separaten' Förderklassen und die Zurückstufung in Schulkindergärten aufgrund sprachlicher Defizite als direkte Diskriminierung. Schuleinstellungsuntersuchungen, die den Kindern durch mangelnde Sprachkenntnisse Schulunfähigkeit bescheinigen, und fehlende Kindergartenzeiten, können als indirekte Diskriminierungsmechanismen verstanden werden. Die Begründungen für diese Diskriminierungsmechanismen liegen in den fehlenden praktischen Fähigkeiten, dem mangelnden Sozialverhalten und der fehlenden Unterstützung der Eltern. Mentalitätsunterschiede oder auch fehlende Integrationswilligkeit und Selbstsegregation der Eltern (Kulturkonflikt) konnten ebenfalls identifiziert werden (vgl. GOMOLLA 2003, 101f.).

Der Übergang in die Sekundarstufe zeigt ähnliche Muster der Diskriminierung auf. Hier wirken Praktiken der direkten Diskriminierung in Form von fehlender Förderung von Sprachdefiziten auch in höheren Klassenstufen. Dabei finden sich die Migrantenkinder nach der Übergangsempfehlung meist in Haupt- und Realschulen wieder. Die Empfehlung zum Besuch des Gymnasiums wird ohne perfekte Deutschkenntnisse nicht ausgesprochen. Die Entscheidungen werden zudem strategisch umgangen, in dem die Gesamtschule schon von vornherein als geeignete Schulform für die Migrantenkinder angesehen wird. Diese Pauschalempfehlungen stellen die Gesamtschule vor erhebliche Probleme. Sie entwickeln aufgrund zu hoher Schülerzahlen eigene Selektionsmechanismen in Form einer ‚Ausländerquote' und weisen viele jugendliche Migranten ab. Hinzu kommen familiäre Hintergründe, wie die fehlende allgemeine Schulbildung, die fehlenden oder falschen Bildungsaspirationen und die Unkenntnis der Eltern über das deutsche Schulsystem. Diese Gründe führen zu einer weiteren Unterbewertung seitens der Schule. Selbst gute Leistungen der jugendlichen Migranten führen zu einer Nichtberücksichtigung in höheren Schulformen (vgl. a.a.O., 104f.).

4.4.4 Die Unterbewertung von interkulturellen (Basis-) Kompetenzen

In Wirtschaftszweigen, die einen erhöhten Bedarf an interkulturellen Kompetenzen oder Mehrsprachigkeit haben, ist die Nachfrage nach jungen Fachkräften mit Migrationshintergrund für den Ausbildungsbereich sehr gering. Besonders in personalen Dienstleistungsbereichen, aber auch in Branchen, die einen sehr hohen Anteil an Kunden aus dem Ausland haben, wie beispielsweise in Beratungsinstitutionen oder im Banken- und Versicherungssektor, werden wenig junge Migranten berücksichtigt. Einen sehr hohen Anteil an der Nichtberücksichtigung der Migrantenjugendlichen haben hier die Auswahlkriterien und die Rekrutierungsstrategien der Betriebe. In den Bewerbungsverfahren werden die Potenziale wie interkulturelle Basiskompetenzen und eine in Ansätzen ausgebildete Zweisprachigkeit der jungen Migranten nicht mit einbezogen. Diese Unterbewertung interkultureller und bilingualer Kompetenzen führt zu einer Überbewertung formaler Einstellungstests bei Bewerbungsverfahren. Damit wird den Migrantenjugendlichen der Zugang zum Arbeitsmarkt zusätzlich erschwert (vgl. GRANATO 2003, 479).

Der Bildungsstand und die Bildungsbeteiligung der jugendlichen Migranten haben die Probleme beim Zugang zum deutschen Bildungssystem aufgezeigt. Die Erklärungsversuche haben mögliche Ansätze zur Begründung der Benachteiligung der Jugendlichen mit Migrationshintergrund beschrieben. Im Hinblick auf die zentralen Fragestellungen dieses Buches ist es von Bedeutung herauszufinden, ob Jugendliche mit Migrationshintergrund die ihnen unterstellten interkulturellen Kompetenzen besitzen und ob sie ihr vorhandenes Potenzial im beruflichen Alltag einsetzen um ihre Bildungslage im deutschen Bildungssystem zu verbessern. Das nächste Kapitel wird auf diese Fragestellungen eingehen.

5 Interkulturelle Kompetenz von Jugendlichen mit Migrationshintergrund

Dieses Kapitel behandelt die Frage, ob junge Migranten interkulturelle Kompetenzen besitzen und ob sie diese speziellen Kompetenzen in ihrem Berufsalltag einsetzen. Der Kulturkonflikt und die sprachlichen Defizite waren bisher bei der Suche nach Begründungen für die schlechteren Bildungsverläufe bestimmend. Zu Beginn dieses Kapitels erfolgt aus einer Kritik an der Kulturkonflikt- und Defizithypothese die Hinwendung zu den Ressourcen und Potenzialen. Interkulturelle Kompetenzen sind Bestandteil dieser Potenziale der jungen Migranten. Das Forschungsprojekt ‚Interkulturelle Kompetenzen von Jugendlichen mit Migrationshintergrund: Bestimmung und beruflicher Nutzen' zeigt einen Weg auf, interkulturelle Kompetenzen der Migrantenjugendlichen zu bestimmen und beweist, dass Jugendliche mit Migrationshintergrund interkulturelle Kompetenzen im Berufsalltag einsetzen. Die Ergebnisse des Forschungsprojektes liefern eine Basis für eine nachhaltige Verbesserung der Bildungsbeteiligung der jungen Migranten durch die Erfassung interkultureller Kompetenzen. Der letzte Abschnitt dieses Kapitels stellt mithilfe von Kompetenzfeststellungsverfahren einen möglichen Weg vor, den interkulturellen Kompetenzerwerb in einen biografischen Zusammenhang zu stellen, um diese speziellen Kompetenzen nachhaltig zu identifizieren.

5.1 Die Kritik an der Kulturkonflikt- und Defizithypothese

Die Kritik an dem Kulturkonflikt- und Defizitansatz verfolgt das Ziel eines grundlegenden Perspektivwechsels in der Bewertung der Bildungslage der Jugendlichen mit Migrationshintergrund. PRIORE stellt in diesem Zusammenhang fest, dass im momentanen wissenschaftlichen Diskurs, insbesondere im PISA-Diskurs, der Umstand ‚mit Migrationshintergrund' negativ bewertet wird (vgl. 2006, 165). Diese Negativbewertung fördere nicht die Herausforderungen, die die jugendlichen Migranten zu bewältigen haben. Nach PRIORE bringe der Umstand ‚mit Migrationshintergrund' nicht nur Nachteile mit sich; es könnten sich durch die spezifischen Herausforderungen, die der Migrationshintergrund mit sich bringt, auch Kompetenzen herausbilden, die junge Migranten für die Verbesserung ihrer Bildungskarrieren nutzen (vgl. a.a.O., 165f.). In der nachstehenden Abbildung wird die Kulturkonflikthypothese veranschaulicht:

Abbildung 11:Kulturkonflikthypothese

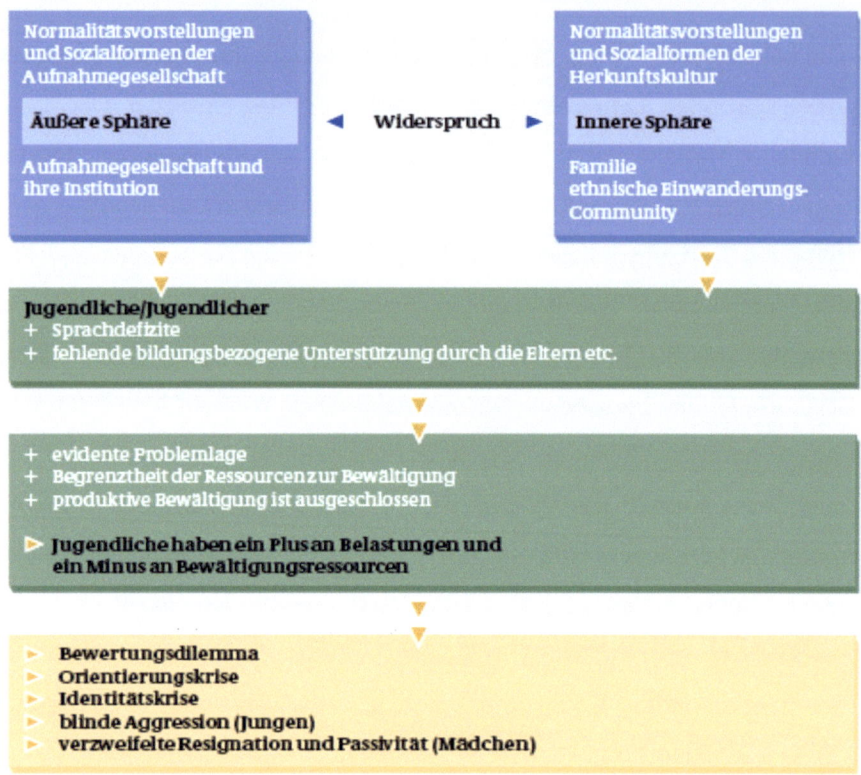

Quelle: PRIORE 2006, 169

KIESEL hat die Reduktion auf den Kulturkonflikt als Grund für die Benachteiligung der jungen Migranten bereits umfassend kritisiert. Der Kulturkonflikt liefere der Erziehungswissenschaft einen Begründungsrahmen, um auf die Integrationsprobleme der Jugendlichen mit Migrationshintergrund hinzuweisen. Die Pädagogik attestiere den Migrantenjugendlichen Identitätsstörungen, die durch die Problematik kultureller Überschneidungssituationen begründet seien (vgl. 1996, 136). In diesem Kontext kommt HILL durch eine empirische Untersuchung zu einer Widerlegung der theoretischen Annahmen der Kulturkonflikthypothese. Identitätsstörungen spielten in einer solchen Lebenslage für die Migrantenjugendlichen weniger eine Rolle, wobei in diesem Zusammenhang zu wenig nach Geschlechtern differenziert würde (vgl. 1990, 126). Eine größere Verunsicherung als der Kulturkonflikt spiegeln andere Gründe wie der Rechts- und Aufenthaltsstatus der Jugendlichen, der Mangel an Akzeptanz durch die Mehrheitsgesellschaft und die unsichere Aufenthaltsperspektive wieder (vgl. GRANATO 1999, 99). Zudem ist die Identitätsentwicklung der Jugendlichen weniger gefestigt. In dem Zusammenhang wird daher von einer Patchwork-Identität gesprochen, die sich nach GAITANIDES aus verschiedenen Fäden zusammensetzt und ständig neu ausgehandelt werden muss. Demnach sei bei den jugendlichen Migranten das Potenzial für Identitätsstörungen nicht gegeben (vgl. 1996, 34; vgl. auch Kap. 3.2.4).

Aus der dargelegten Kritik wird deutlich, dass die Kulturkonflikthypothese den Umstand ‚mit Migrationshintergrund' einseitig beurteilt und im Hinblick auf ihre negativen Auswirkungen untersucht. Im Folgenden soll eine Umdeutung der Kulturkonflikthypothese vorgenommen werden, so dass nicht nur die zweifelsohne vorhandenen Defizite (beispielsweise die Beherrschung der deutschen Sprache), sondern auch spezifische Ressourcen und Kompetenz orientierte Aspekte bei dem Versuch, Chancengleichheit herzustellen, eine Rolle spielen. Die Umdeutung der Kulturkonflikthypothese wird durch die folgende Grafik dargestellt:

Abbildung 12:Ressourcen- und Kompetenzorientierung statt Defizitorientierung

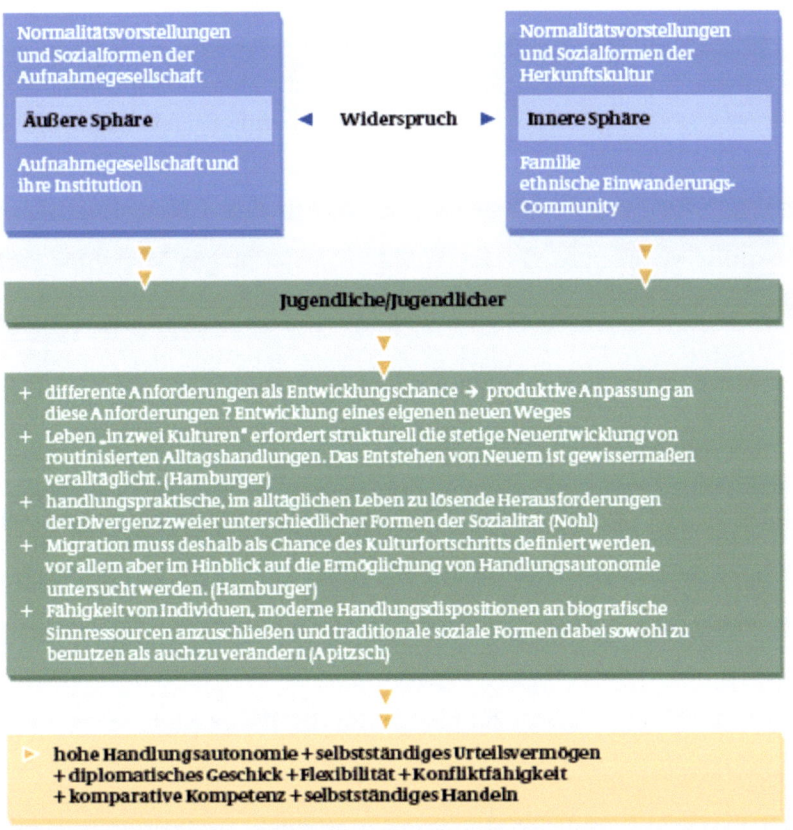

Quelle: PRIORE 2006, 171

Das folgende Kapitel geht ausführlicher auf die Ressourcen- und Defizitorientierung ein.

5.2   Ressourcen- und Kompetenzorientierung statt Defizitorientierung

In der Öffentlichkeit wird, wenn es um die Benachteiligung der jugendlichen Migranten geht, immer mehr die Orientierung an vorhandenen Ressourcen und Kompetenzen bei der Verbesserung der Bildungslage der Jugendlichen mit Migrationshintergrund gefordert. Die Arbeitsgruppe ‚Aus- und Weiterbildung' im Bündnis für Arbeit, Ausbildung und Wettbewerbsfähigkeit hat 1999 ‚Leitlinien zur Weiterentwicklung der Konzepte zur Förderung benachteiligter Jugendlicher und junger Erwachsener' erarbeitet, die sich in dem Beschluss vom 26. Juni 2000 wiederfinden. Die Gruppe der ausländischen Jugendlichen, unter die auch die Gruppen der (Spät-)Aussiedler, Migranten der zweiten und dritten Generation sowie eingebürgerte Deutsche fallen (siehe Kap. 4.2), finden in diesen Beschlüssen besondere Beachtung. Die Zielsetzung, die aus diesen Beschlüssen zu entnehmen ist, liegt auf der intensiven Betrachtung der Stärken der jugendlichen Migranten (vgl. ARBEITSGRUPPE ‚AUS- UND WEITERBILDUNG' 2000, 1; vgl. auch ALT/GRANATO 2001, 56f.). Sie bilden damit

> „[…]eine wesentliche Grundlage für die politische Verankerung der Benachteiligtenförderung […]. Mit diesen Beschlüssen wird die Benachteiligtenförderung zur Daueraufgabe und zum integralen Bestandteil der Berufsausbildung" (BMBF 2005, 233).

Die Arbeitsgruppe ‚Aus- und Weiterbildung' fordert in ihrem Beschluss die interkulturelle Öffnung der beruflichen Bildung. Die Personengruppe der jungen Migranten stellt wie bereits dargelegt mit etwa 6 Mio. Menschen ein erhöhtes Arbeitskräftepotenzial dar. Die Migranten seien Teil der multikulturellen Gesellschaft in Deutschland und des Ausbildungs- und Beschäftigungssystems und sichern zudem das Sozialsystem (vgl. ARBEITSGRUPPE ‚AUS- UND WEITERBILDUNG' 2000, 2).

Aufgrund der steigenden internationalen Verflechtung deutscher Unternehmen wachsen auch die Anforderungen an die Arbeitskräfte in der Wirtschaft. Neben den fachlichen Kompetenzen gewinnen interkulturelle Kompetenzen und Mehrsprachigkeit immer mehr an Bedeutung. Die Arbeitsgruppe betont, dass Migranten diese Fähigkeiten besitzen. In diesem Zusammenhang bleibt zudem die gesellschaftliche Integration der Personengruppe der Migranten weiterhin eine große Herausforderung. Gegenseitige Toleranz und Akzeptanz sind nicht nur hierfür notwendige Voraussetzungen, sondern auch im Hinblick auf die mögliche Chancengleichheit der in Deutschland lebenden Migranten (vgl. ebda.).

Die schulische Bildung und die berufliche Aus- und Weiterbildung stellen nach Meinung der Arbeitsgruppe wichtige Faktoren des Integrationsprozesses dar, der auf (vgl. ebda.) „die Sicherung gleichberechtigter wirtschaftlicher und sozialer Teilhabe gerichtet ist" (ebda.). Damit sind zum einen bestehende Benachteiligungen abzubauen, zum anderen ist der Wirtschaftsstandort Deutschland durch die Nutzung vorhandener Qualifikationspotenziale der Migranten zu sichern. Um diese Ziele zu erreichen, haben die Partner im Bündnis für Arbeit, Ausbildung und Wettbewerbsfähigkeit das Aktionsprogramm ‚Verbesserung der Bildungschancen von Migranten' ins Leben gerufen (vgl. a.a.O., 2f.).

In diesem Aktionsprogramm sind die Ziele in den Bereichen Schule, Ausbildungsvorbereitung und berufliche Aus- und Weiterbildung verankert. Hier sind insbesondere die Überlegungen für den Bereich der interkulturellen Kompetenzen von Jugendlichen mit Migrationshintergrund von Bedeutung.

Der Schulbereich

In Bezug auf den Schulbereich soll die Kultusministerkonferenz (KMK) beauftragt werden, die in dem Aktionsprogramm formulierte Betrachtung der Potenziale der Jugendlichen mit Migrationshintergrund aufzugreifen. Zusätzlich wird die Bundesregierung das Aktionsprogramm in die Programme der Bund-Länder-Kommission für Bildungsplanung und Forschungsförderung (BLK) mit aufnehmen. Unter der Beteiligung der Sozialpartner sollen Vereinbarungen zu einer besseren Zusammenarbeit zwischen Bund und Ländern und Sozialpartnern getroffen werden (vgl. ARBEITSGRUPPE ‚AUS- UND WEITERBILDUNG' 2000, 3).

Nach Ansicht des Bündnisses für Arbeit, Ausbildung und Wettbewerbsfähigkeit kommt sowohl der allgemein bildenden Schule als auch den beruflichen Schulen eine große Bedeutung zu. Für den allgemein bildenden Schulbereich wird zunächst darauf verwiesen, sich intensiver als bisher an den Stärken als an den Defiziten zu orientieren. Der Defizitansatz führt besonders im Bereich der sprachlichen Schwächen zu einer höheren Gewichtung der Leistungsdifferenzen gegenüber deutschen Jugendlichen. Die allgemein bildende Schule hat die Aufgabe, den jungen Migranten die erforderlichen Fähigkeiten und Kenntnisse für eine erfolgreiche Berufsausbildung zu vermitteln. Hierfür sollen die bereits angesprochenen Bestimmungen der KMK vom 25. Oktober 1996 maßgebend sein (siehe auch Kap. 2.4.3). An dieser Empfehlung sollen sich weitergehende Konzepte zur besseren Integration in den Schulen orientieren. Die Schule soll sich gerade denjenigen Migrantenjugendlichen widmen, bei denen Schwierigkeiten an der 1. Schwelle (siehe Kap. 4) zu erwarten sind. Die Verbesserung der Vorbereitung auf diese Phase erfolgt mit dem Unterrichtsfach Deutsch als Zweitsprache, der Förderung fachsprachlicher Kompetenz und der Einbeziehung des Lebensbereiches der Berufs- und Arbeitswelt (vgl. a.a.O., 4).

Die beruflichen Schulen haben im Hinblick auf den Übergang in die duale Berufsausbildung eine wichtige Bedeutung. Der Anteil der Jugendlichen mit Migrationshintergrund in den Schulformen Berufsgrundbildungsjahr und Berufsvorbereitungsjahr liegt entgegen den Ausführungen des Aktionsprogramms bei 34% (siehe Kap. 4.3.2). Daneben ist auch in den Berufsfachschulen eine hohe Anzahl an Migrantenjugendlichen zu verzeichnen. Die fachsprachliche Terminologie, die für die unterschiedlichen Berufe notwendig ist, wird von den jungen Migranten als schwer verständlich empfunden, wodurch oft ein Verlust der Motivation und in letzter Konsequenz auch die Schulverweigerung entsteht. Dieser Entwicklung möchten die Bündnispartner entgegentreten und auch hier für verbesserte Lernbedingungen sorgen, um die Motivation der jugendlichen Migranten zu steigern. Die Förderung ausbildungsrelevanter Fähigkeiten soll in den beruflichen Schulen im Vordergrund stehen. Der Empfehlung der KMK von 1996, interkulturelle Inhalte verstärkt im Unterricht zu berücksichtigen, ist ebenfalls Beachtung zu schenken (vgl. a.a.O., 4f.).

Bei der Umsetzung der Ziele im Schulbereich ist der Bund bereit, sich an Studien und Modellversuchen zu beteiligen, wozu bspw. die Sprachförderung und die Zusammenarbeit von Schulen und freien Bildungsträgern gehören. Zudem wird das Thema ,Aus- und Weiterbildung' im Mittelpunkt des Programms ,Schule-Wirtschaft-Arbeitswelt' stehen (vgl. a.a.O., 5).

Ausbildungsvorbereitung und berufliche Aus- und Weiterbildung

Für den Bereich der Ausbildungsvorbereitung und der beruflichen Aus- und Weiterbildung ist eine besondere Förderung vorgesehen. Wie bereits im vierten Kapitel gezeigt, sind die Jugendlichen mit Migrationshintergrund bei der Bewerbung um einen Ausbildungsplatz gegenüber ihren Altersgenossen benachteiligt. Daher ist das vorrangige Ziel der Bündnispartner, diese Chancenungleichheit abzubauen und die jungen Migranten in gleichem Umfang an einer betrieblichen Ausbildung teilhaben zu lassen. Die Betriebe und öffentliche Arbeitgeber müssen daher ihre Ausbildungsleistungen in der dualen Berufsausbildung nachhaltig verbessern. Zusätzlich müssen die Informationsdefizite der Betriebe und öffentlichen Einrichtungen gegenüber den jungen Migranten verbessert werden. Nach Meinung der Bündnispartner berücksichtigen sie bei den Auswahl- und Rekrutierungsstrategien die vorhandenen Potenziale nur unzureichend. Vor allem die den Migrantenjugendlichen unterstellten interkulturellen Kompetenzen und die Mehrsprachigkeit werden nicht beachtet, geschweige denn genutzt (vgl. ARBEITSGRUPPE ‚AUS- UND WEITERBILDUNG' 2000, 5f.).

Die Beschlüsse der Arbeitsgruppe ‚Aus- und Weiterbildung' des Bündnisses für Arbeit, Ausbildung und Wettbewerbsfähigkeit zeigen, dass die Benachteiligung der Jugendlichen mit Migrationshintergrund von der Bundesregierung wahrgenommen und angegangen wird. Die Erklärungen zur Verbesserung der Bildungslage der jungen Migranten gehen von einer Ressourcen und Kompetenz orientierten Betrachtungsweise aus und stellen die stärkere Einbeziehung interkultureller Kompetenzen in den Vordergrund. Sowohl für den Schulbereich als auch für die Ausbildungsvorbereitung und die betrieblichen Aus- und Weiterbildung werden interkulturelle Kompetenzen hervorgehoben und als Potenziale für die nachhaltige Verbesserung der Bildungslage der Migrantenjugendlichen angesehen. Diese Hinweise auf interkulturelle Kompetenzen wirken bisher jedoch nur unzureichend.

Der BERUFSBILDUNGSBERICHT fordert ebenfalls die Orientierung an vorhandenen Ressourcen und Kompetenzen jugendlicher Migranten und die zu geringe Beachtung dieser Potenziale kritisiert. Die interkulturellen Kompetenzen der Migrantenjugendlichen sind Bestandteil der vorhandenen Potenziale. Bisher ist nicht bekannt, in welcher Weise junge Migranten interkulturelle Kompetenzen in ihrem erlernten Beruf einsetzen. Daher initiierte des Bundesinstitut für Berufsbildung (BIBB) für die Berufsbildung erstmals ein Forschungsprojekt. Das Forschungsprojekt ‚Interkulturelle Kompetenzen junger Fachkräfte mit Migrationshintergrund: Bestimmung und beruflicher Nutzen' versucht, interkulturelle Kompetenzen junger Fachkräfte mit Migrationshintergrund, die eine Ausbildung beendet haben, zu erfassen. Zudem geht das Forschungsprojekt der Frage nach, ob und unter welchen Bedingungen sie diese speziellen Kompetenzen in Verbindung mit ihrem erworbenen Fachwissen im Berufsalltag einsetzen (vgl. BMBF 2006, 118f.).

Im folgenden Kapitel wird das Forschungsprojekt ‚Interkulturelle Kompetenzen junger Fachkräfte mit Migrationshintergrund: Bestimmung und beruflicher Nutzen' vorgestellt.

5.3   Forschungsprojekt ‚Interkulturelle Kompetenz junger Fachkräfte mit Migrationshintergrund: Bestimmung und beruflicher Nutzen'

Das Ziel dieses Forschungsprojektes des BIBB ist es, interkulturelle Kompetenzen von jungen Migranten zu erfassen und deren Nutzen für den Berufsalltag festzustellen (vgl. BIBB 2003a, 1). Die Laufzeit dieses Forschungsprojektes betrug zweieinhalb Jahre, in der Zeit vom 01.01.2003 bis zum 30.06.2005 (vgl. a.a.O., 5).

5.3.1   Rahmenbedingungen des Forschungsprojektes

Zur Problemdarstellung

Der Anlass dieser Untersuchung ist die schon angesprochene Unterbewertung interkultureller Kompetenzen der jungen Fachkräfte mit Migrationshintergrund. Dies gilt für die Bereiche der Berufsbildungsforschung, der interkulturellen Pädagogik und für den wirtschaftswissenschaftlichen Bereich. Das Bündnis für Arbeit, Ausbildung und Wettbewerbsfähigkeit und der sechste Familienbericht der Bundesregierung haben diesen Umstand bereits umfassend kritisiert. Dem gegenüber stehen Ausführungen über die Potenziale der jungen Migranten in Form von interkulturellen Kompetenzen und einer besseren Förderung dieser Kompetenzen (vgl. BIBB 2003a, 1). An diesen Forderungen setzt die Untersuchung aus folgenden Gründen an:

- Der Einsatz interkultureller Kompetenzen der jungen Fachkräfte mit Migrationshintergrund ermöglicht bessere Bewerbungschancen und führt zu einer stärkeren Beachtung durch die Betriebe bei der Vergabe von Ausbildungsplätzen. Damit könnte detaillierteres Wissen über die interkulturellen Kompetenzen und deren Erfassung zu deutlich besseren Arbeitsmarktchancen führen.

- Die Globalisierung und das Zusammenwachsen von Europa erfordern die besondere Beachtung interkultureller Kompetenzen und Mehrsprachigkeit. Diese Kompetenzen sind aber auch national von Bedeutung. Aus der Bevölkerungsstruktur der Bundesrepublik Deutschland geht hervor, dass der Anteil an Personen ausländischer Herkunft, gemessen an der Gesamtbevölkerung, 9%[16] beträgt. Dies bestätigt, dass in Deutschland unterschiedliche Kulturen leben (vgl. a.a.O., 1f.).

---

[16] Hierbei sei anzumerken, dass durch die neue statistische Erhebung 18,6% Migrationserfahrungen haben (vgl. Kap. 4.2).

Der Forschungsstand und die Ziele

Der Forschungsstand gibt bisher nur unzureichend Auskunft über den Nutzen interkultureller Kompetenzen von jungen Fachkräften mit Migrationshintergrund. Im Folgenden sind sie hier kurz aufgeführt:

- Am Beispiel portugiesischsprachiger Jugendlicher mit Migrationshintergrund wurde der Nutzen der Muttersprache und der bikulturellen Sozialisation an der 1. Schwelle aufgezeigt (vgl. FÜRSTENAU, S./ GOGOLIN, I. 2001, 49ff.).

- In binationalen Ausbildungsprojekten[17] gaben ca. ein Drittel der Auszubildenden an, bei ihrer Tätigkeit ihre Muttersprache und andere interkulturelle Kompetenzen einzusetzen. Damit ist der Anteil im Vergleich zu früheren Studien mehr als doppelt so hoch (vgl. BIBB 2003a, 2).

- Aus den Ergebnissen des vom BIBB initiierten INTEGRA-Programms[18] ‚Neue Berufschancen für Immigrantinnen' geht hervor, dass die interkulturellen Kompetenzen der Immigrantinnen für den deutschen Arbeitsmarkt bisher nicht erschlossen sind (vgl. ebda.).

- BUSSE/ PAUL-KOHLHOFF/ WORDELMANN äußern die Vermutung, dass aufgrund fehlender ausländischer Beschäftigter in Betrieben ein erhebliches Potenzial an ‚internationalen Qualifikationen' ungenutzt bleibt (vgl. 1997, 89).

Junge Fachkräfte mit Migrationshintergrund verfügen aufgrund der bisherigen Forschungen zu folge über ein Potenzial an interkulturellen Kompetenzen, die sie überwiegend nicht in den beruflichen Tätigkeiten erworben haben. Sie setzen diese unbewusst und zufällig ein. Eine bessere Förderung würde ein gezielteres und vielseitigeres Einsetzen dieser Kompetenzen bewirken (vgl. BIBB 2003a, 3).

In diesem Zusammenhang gehen aus dem Forschungsprojekt folgende Ziele hervor:

- Die interkulturellen Kompetenzen von jungen Fachkräften, die sie in ihrer beruflichen Tätigkeit einsetzen, sollen erfragt und beschrieben werden.

---

[17] Diese Projekte werden seit 1988 durchgeführt. Im Rahmen dieser binationalen Projekte erhalten türkische, griechische, italienische, portugiesische und spanische Auszubildende die Möglichkeit, ein Praktikum in ihrer Heimat zu absolvieren. Dieses Praktikum wird von beiden Ländern anerkannt und zertifiziert (vgl. BIBB 2003a, 2).

[18] Projekt ‚Beschäftigung und Entwicklung von Humanressourcen' im Rahmen der EU-Gemeinschaftsinitiative Beschäftigung-INTEGRA (vgl. ebda.).

- Es sollen die Auswirkungen des Einsatzes einzelner interkultureller Kompetenzen, bspw. der muttersprachliche Unterricht hinsichtlich der Verwendung im beruflichen Alltag untersucht werden.

- Auf Seiten der Betriebe soll festgestellt werden, ob sie interkulturelle Kompetenzen wahrnehmen, wie sie diese ggf. einsetzen und welche Bedeutung die Kompetenzen für den unternehmerischen Erfolg darstellen. Darüber hinaus ist von Bedeutung, welchen Stellenwert interkulturelle Kompetenzen im Vergleich zu fachlichen Kompetenzen haben.

- Die persönlichen, schulischen und betrieblichen Rahmenbedingungen sollen genannt werden, die den Einsatz interkultureller Kompetenzen im Berufsalltag fördern (vgl. ebda.).

Die Durchführung des Forschungsprojektes

Der explorative Ansatz macht für die Durchführung des Forschungsprojektes qualitative Methoden erforderlich. Der Ablauf ist hier nachfolgend beschrieben:

- Zunächst erfolgte eine begriffliche Klärung des Begriffes ,interkulturelle Kompetenz' für den Rahmen dieses Forschungsprojektes.

- In der Untersuchung finden sich Berufe wieder, die sich nach der Einsetzbarkeit interkultureller Kompetenzen unterscheiden. Zudem wurden Berufe ausgewählt, die junge Fachkräfte mit Migrationshintergrund häufig ergreifen. Die Auswahl der Berufe erfolgte nach intensiven Gesprächen mit Fachkräften ausländischer Herkunft und Vertretern der jeweiligen Berufe.

- Zuvor wurden in berufsspezifischen Workshops die Einsatzgebiete interkultureller Kompetenzen in Form von konkreten Beispielen in den speziellen Berufen gesammelt. Hieraus können sich die Dimensionen interkultureller Kompetenz ableiten und die Bandbreite dieser Kompetenzen festgestellt werden.

- Die Erkenntnisse der Workshops flossen in die geplante Erstellung von Interviewleitfäden ein. Dabei wurden 15 Fachkräfte mit Migrationshintergrund pro Beruf mit und ohne Förderung interkultureller Kompetenzen befragt. Es ist sinnvoll, die Befragung bei Fachkräften mit Berufserfahrung (zwischen 5 und 10 Jahren) und nicht bei Auszubildenden durchzuführen, da abschließend Rückschlüsse auf junge Migranten (vor allem auf die 1. Schwelle) gezogen werden sollen (vgl. BIBB 2003a, 4).

Im Sinne des Forschungsprojektes wurden interne und externe Kooperationen angestrebt. Die interne Kooperation erfolgt mit Kollegen, die sich mit Migranten oder dem Thema ‚interkulturelle Kompetenzen' auseinandersetzen. Hierzu gehört die ‚Initiativstelle Berufliche Qualifizierung von Migrantinnen und Migranten' (IBQM). Darüber hinaus werden externe Kooperationen zu Bildungsberatungsstellen und Ausbildungsstellenvermittlung beabsichtigt. Hierunter fallen bspw. Arbeit und Bildung e.V., Ex-Azubi-Stammtische von Fachkräften mit Migrationshintergrund, regionale Arbeitsstellen zur Förderung von Kindern und Jugendlichen aus Zuwandererfamilien und Beratungsstellen, die sich mit der Qualifizierung ausländischer Nachwuchskräfte (BQN) beschäftigen (vgl. a.a.O., 5).

5.3.2   Zwischenbericht

Der Zwischenbericht des Forschungsprojektes liefert wichtige Zwischenergebnisse, die im Folgenden dargestellt werden.

Interkulturelle Kompetenzen und kulturelle Überschneidungssituationen

Im Hinblick auf die Ordnung der Fähigkeiten und Kenntnisse, die zu interkulturellen Kompetenzen zählen, orientiert sich die Forschungsgruppe an folgendem Schema nach LEENEN/ GROß/ GROSCH:

Abbildung 13: Vier Bereiche ‚Interkultureller Kompetenz'

Interkulturell relevante allgemeine Persönlichkeitseigen-schaften, z.B.	Interkulturell relevante soziale Kompe-tenzen, z.B.	Spezifische Kultur-kompetenzen, z.B.	Kulturallgemeine Kompetenzen, z.B.
• Belastbarkeit • Unsicherheits- und Ambiguitätstoleranz • Kognitive Flexibilität • Personale Autono-mie	Selbstbezogen: • Differenzierte Selbst-wahrnehmung • Realistische Selbstein-schätzung • Fähigkeit zum Identi-tätsmanagement Partnerbezogen: • Fähigkeit zur Rollen- u. Perspektivenüber-nahme Interaktionsbezogen: • Fähigkeit, wechsel-seitig befriedigende Beziehungen aufzu-nehmen und zu erhal-ten	• Sprachkompe-tenzen • Interkulturelle Vorerfahrungen • Spezielles Deu-tungswissen	• Wissen bzw. Be-wusstsein von der generellen Kultur-abhängigkeit des Denkens, Deutens und Handelns • Vertrautheit mit Mechanismen der interkulturellen Kommunikation • Vertrautheit mit Akkulturationsvor-gängen • Wissen über allge-meine Kulturdiffe-renzen und ihre Be-deutung

Quelle: LEENEN, GROß UND GROSCH 2002, 91

Interkulturelle Kompetenzen können in vier Kategorien unterteilt werden. Neben den Persönlichkeitseigenschaften und sozialen Kompetenzen kommen spezifische Kulturkompetenzen und kulturallgemeine Kompetenzen in interkulturellen Begegnungssituationen zum Einsatz. Unter den spezifischen Kulturkompetenzen werden Sprachkompetenzen und Wissen über Kulturen verstanden, während sich kulturallgemeine Kompetenzen auf die Reflexionsfähigkeit von Kulturen beziehen. Die letzten beiden Aspekte sind für den weiteren Verlauf des Forschungsprojektes relevant (vgl. BIBB 2003b, 4).

In der Literatur werden kulturelle Überschneidungssituationen meist eindeutig beschrieben. Die Berufsbildungsforschung fragt nach interkulturellen Kompetenzen, die bspw. eine deutsche Hotelfachfrau bei Kontakt mit ausländischen Gästen einsetzt oder ein Monteur, der beruflich im Ausland tätig ist. In der Pädagogik oder in anderen Bereichen der sozialen Arbeit geht es um die Kommunikation zwischen Lehrern und ausländischen Schülern oder Soziarbeitern und ausländischen Kunden. Im Wirtschaftsbereich steht ein deutscher Manager in Verhandlungen mit ausländischen Firmen (vgl. HINZ-ROMMEL 1994, 26). Diese interkulturellen Begegnungen beschreiben Situationen, in denen Menschen einer Mehrheitsgesellschaft mit Angehörigen einer Minderheitsgesellschaft oder bei Einsätzen im Ausland in Kontakt treten.

Der Gegenstand dieses Forschungsprojektes hingegen beschreibt kulturelle Überschneidungs-situationen, die nicht eindeutig zu bestimmen sind. Dies ist damit begründbar, dass Migranten oft nicht einer Herkunftskultur zugeordnet werden können. Die unterschiedlichen Migrationserfahrungen ermöglichen keine eindeutige Zuordnung, da sie selbst häufig zwischen Kulturen aufwachsen und daher einer bikulturellen Prägung unterliegen (vgl. KNAPP 2002, 63ff.).

Die Auswahl der Berufe

Die Auswahl der Berufe hat im Hinblick auf die Untersuchung eine entscheidende Bedeutung. Um interkulturelle Kompetenzen identifizieren zu können, mussten Berufe ausgewählt werden, die einen hohen kommunikativen Anteil und Kontakt zum Kunden aufweisen. Aufgrund des explorativen Charakters dieses Forschungsprojektes konzentrierte sich die Auswahl auf Berufe, die ausländische Jugendliche häufig ergreifen. Hierzu zählen Arzthelfer, Einzelhandelskaufmann, Speditionskaufmann, Kaufmann im Groß- und Außenhandel und Kraftfahrzeugmechaniker. Ausländische Jugendliche ergreifen zudem häufig Berufe aus dem Bereich des Handwerks. Deshalb wurde zunächst erfragt, ob ein Beruf aus diesem Bereich in die Untersuchung einfließen kann. In den genannten Berufen ergriffen im Jahr 2001 ca. 20% eine Ausbildung[19]. Die Untersuchung überprüft zudem die Frage, ob junge Fachkräfte mit Migrationshintergrund, die neben ihrer Ausbildung muttersprachlichen Fachunterricht erhielten, interkulturelle Kompetenzen häufiger einsetzen (vgl. BIBB 2003b, 5f.).

Um nähere Informationen über den Berufsalltag und die erforderlichen Qualifikationen zu erhalten, wurden Gespräche mit Kollegen des BIBB geführt und Ausbildungsordnungen der einzelnen Berufe verglichen. Zusätzlich fanden Workshops mit Fachkräften ausländischer Herkunft aus den genannten Berufen statt, bei denen vor allem über Migrationserfahrungen, die Berufswahl und derzeitige Tätigkeiten gesprochen wurde. Das Ziel der Workshops war, erste Beispiele für den Einsatz interkultureller Kompetenzen in den vorausgewählten Berufen zu sammeln und damit die erste Auswahl zu überprüfen. Zudem sollten sie methodische Hinweise für die Erstellung der Interviewleitfäden liefern. Die Teilnehmer der Workshops gewann das BIBB über Projekte und Vereine, in denen sich Fachkräfte mit Migrationshin-

---

[19] Nach der neusten Ausgabe des BERUFSBILDUNGSBERICHTES 2006 gehören die genannten Berufe, immer noch zu den zehn am stärksten durch ausländische Jugendliche ergriffenen Ausbildungsberufen. Hier sind Daten aus dem Jahr 2004 zugrunde gelegt (vgl. 116).

tergrund für das Thema ‚Ausbildung' einsetzen und in Kammern und Verbänden oder mittels Recherche im Telefonbuch (vgl. ebda.).

In den infrage kommenden Berufen finden häufig direkte Kontakte auch zu ausländischen Kunden statt. Sie können sowohl innerhalb Deutschlands als auch im Rahmen von internationalen Geschäftsbeziehungen zustande kommen. In Bezug auf die Ausbildungsverordnungen ist der spezielle Einsatz interkultureller Kompetenzen beim Kontakt mit Kunden lediglich bei Speditions- und Außenhandelskaufleuten verankert. In den Workshops zeigte sich, dass die KFZ-Mechaniker weniger interkulturelle Kompetenzen einsetzen, weil der Kundenkontakt überwiegend durch den Werkstattmeister oder Chef des Unternehmens abgewickelt wird. Hier ist der Einsatz interkultureller Kompetenzen nicht wie erwartet gegeben. Der Beruf des KFZ-Mechanikers findet daher in der weiteren Untersuchung keine Verwendung (vgl. a.a.O., 6).

Nach den ausführlichen Voruntersuchungen setzt sich die Gruppe aus den Berufen Arzthelfer, Kaufleute im Einzelhandel, im Groß- und Außenhandel und Speditionskaufleute zusammen. In den ausgewählten Berufen wurde ein ausgeglichenes Verhältnis der Geschlechter berücksichtigt. Während der Beruf des Arzthelfers ausschließlich ein Frauenberuf ist, arbeiten im Einzelhandel doppelt so viele Frauen wie Männer. Im Speditionsbereich sind hingegen fast doppelt so viele Männer wie Frauen vertreten, während im Groß- und Außenhandel das Verhältnis der Geschlechter ausgeglichen ist (vgl. ebda.).

Die Interviews werden in Großstädten in vier Bundesländern mit dem höchsten Ausländeranteil durchgeführt, in denen der Anteil an ausländischen Auszubildenden besonders hoch ist. Dies sind Köln (Ausländeranteil 17,7%), Dortmund (12,9%), Berlin-West (17,4%), Frankfurt a. M. (30,1%) und Stuttgart (24,1%) (vgl. a.a.O., 8).

5.3.3   Ergebnisse des Forschungsberichts

Die nachfolgenden Ergebnisse des Forschungsprojektes ‚Interkulturelle Kompetenzen junger Fachkräfte mit Migrationshintergrund: Bestimmung und beruflicher Nutzen' stellen die Einsatzmöglichkeiten interkultureller Kompetenzen dar und erläutern deren fördernde und hemmende Faktoren. Das Kriterium ‚Kundenkontakt mit deutschen und ausländischen Kunden oder Patienten' stellte die Grundlage der ausgewählten Teilnehmer dar, damit der mögliche Einsatz interkultureller Kompetenzen im Berufsalltag gegeben ist (vgl. BIBB 2005, 2f.).

Die Interviews wurden bei insgesamt 55 Personen durchgeführt und sind unterteilt in 38 Fachkräfte mit Migrationshintergrund und 17 Vorgesetzte. Eine Übersicht über die speziellen Berufe, die Migrationshintergründe und die Schulbildung, geben die nachfolgenden Tabellen (vgl. a.a.O., 3):

Tabelle 2: Übersicht über geführte Interviews nach Berufen, Stellung im Unternehmen und Schulabschluss der Fachkraft

Berufe	Anzahl	Schulabschlüsse			
		HS	RS	Fachreife/ Fachabi.	Abi.
Arzthelfer/-in	10	1	7	2	
Ärzte/Ärztinnen	5				
Kaufmann/-frau im Einzelhandel	9	1	8		
Vorgesetzte	5				
Kaufmann/-frau im Groß- und Außenhandel	9		5	3	1
Vorgesetzte	3				
Speditionskaufmann/-frau	10		5	3	2
Vorgesetzte	4				
Gesamt Fachkräfte	38	2	25	8	3
Gesamt Vorgesetzte	17				
Summe	55	-	-	-	-

Quelle: BIBB 2005, 3

Tabelle 3: Übersicht über den Migrationshintergrund der Fachkräfte nach Beruf

Migrations-hintergrund	Summe	Arzt-helferinnen	Kaufmann/frau im Einzelhan-del	Kaufmann/frau im Groß- und Außenhandel	Speditions-kaufmann/frau
Türkei	12	5	5	1	1
Spanien	7			3	4
Kroatien	4		1	1	2
Italien	4	1	1	1	1
Griechenland	3		2		1
Portugal	2			2	
Ukraine	2	2			
Marokko	1	1			
Pakistan	1			1	
Polen	1	1			
Tadschikistan	1				1

Quelle: BIBB 2005, 3

5.3.3.1 Beruflicher Einsatz interkultureller Kompetenzen

Der Einsatz der Sprachkompetenz und kulturspezifischen Wissens

Der Einsatz der Herkunftssprache hat eine besondere Bedeutung, da sie Trägerin und Vermittlerin von Kultur ist. Eine Trennung des Einsatzes der Herkunftssprache und kulturspezifischen Wissens ist nach Ansicht der Mitarbeiter des Forschungsprojektes nicht sinnvoll. Die Herkunftssprache wird von den Fachkräften berufsspezifisch in unterschiedlicher Art und Weise eingesetzt (vgl. BIBB 2005, 7).

Arzthelferinnen setzen in ihrem Berufsalltag häufig ihre Sprachkompetenz ein. Sie nutzen ihre Herkunftssprache bei der Übersetzung von Arzt/Patient Gesprächen, bei organisatorischen Tätigkeiten und bei der Betreuung von Patienten. Damit entlasten sie ihre Arbeitskollegen, verbessern interne Arbeitsabläufe und tragen zur Qualitätsverbesserung der Behandlung bei. Arzthelferinnen verfügen über kulturspezifisches Wissen im Umgang mit Patienten. Sie erkennen ausländische Patienten an ihrem äußeren Erscheinungsbild, kommunizieren ungezwungen und frei miteinander und bauen Vertrauen zu den Patienten auf (vgl. ebda.).

Einzelhandelskaufleute führen Verkaufsgespräche mit Kunden gleicher Herkunft und Sprache und können Kunden somit an ein Unternehmen binden. Sie ergänzen im Sinne des Kunden das Warensortiment, berücksichtigen ihre Wünsche und nehmen Kritik der Kunden an und geben sie an das Unternehmen weiter. Die jungen Fachkräfte tragen damit zu einer Entlastung ihrer Arbeitskollegen bei (vgl. ebda.).

Die Speditions- und Außenhandelskaufleute[20] bauen Kontakte zu Kollegen und Kunden in ihrem Herkunftsland auf, verhandeln eigenverantwortlich mit Geschäftspartnern und führen die Verhandlungen zu einem Geschäftsabschluss. Sie benötigen kulturspezifisches Wissen in Bezug auf Umgang, Kommunikation und Geschäftsgebaren. In diesem Zusammenhang erwerben sie die Fachsprache, die sie in ihrem berufsspezifischen Tätigkeitsbereich benötigen weitgehend selbst. Interkulturelle Kompetenzen sind Bestandteil ihrer beruflichen Tätigkeit (vgl. ebda.).

Die Fachkräfte aus allen befragten Berufen setzen neben der Herkunftssprache und Deutsch auch Englisch und andere Sprachen ein (vgl. ebda.).

---

[20] Die Großhandelskaufleute hatten aufgrund ihrer beruflichen Tätigkeiten keine Möglichkeit, interkulturelle Kompetenzen einzusetzen und werden daher nicht weiterberücksichtigt (vgl. BIBB 2005, 7).

In Bezug auf die Vermittlungskompetenz aller befragten jungen Fachkräfte mit Migrationshintergrund besitzen sie in allen Berufen die Fähigkeit zwischen Firma und Kunden zu vermitteln. Sie klären Unklarheiten und Missverständnisse, die beim Kontakt mit ausländischen Kunden entstehen. Damit verbessern sie das Verhältnis zwischen den Unternehmen und Kunden. Zudem vermitteln sie bei Konflikten und bringen auch ihren Landsleuten die bürokratischen Gegebenheiten in Deutschland näher. Sie erklären ihren Arbeitskollegen Einstellungs- und Verhaltensmuster ihres Herkunftslandes und werben damit für ein besseres Verständnis und Verstehen ihrer Landsleute. Nach Ansicht der Vorgesetzten vermitteln sie interkulturelle Kompetenzen in besonders authentischer Art und Weise. Die Authentizität wurde in den Kernelementen interkultureller Kompetenz bisher nicht genannt. Speditionskaufleute und besonders Arzthelferinnen sehen sich in ihrem Berufsalltag mit Diskriminierungen konfrontiert. Der Umgang mit Diskriminierungen ist daher als weiterer Bestandteil interkultureller Kompetenzen anzusehen, wobei dies nicht in den festgelegten Definitionen vorkommt (vgl. a.a.O., 7f.).

Die jungen Fachkräfte erfahren eine Mehrbelastung durch den Einsatz interkultureller Kompetenzen in allen untersuchten Berufen. Die jungen Fachkräfte bedienen oft mehrere Kunden/Patienten gleichzeitig, da ihre Kollegen ausländische Kunden/Patienten an sie weiterleiten. Arzthelferinnen sind hierbei in besonderem Maße mehrbelastet, da sich durch die Übersetzung die Arzt-Patient Gespräche verlängern. Hinzu kommt eine psychosoziale Belastung, wenn sie schlechte Nachrichten überbringen müssen. Eine Mehrbelastung am Arbeitsplatz kann aber auch durch besondere Wünsche der ausländischen Kunden wie bspw. kürzere Wartezeiten oder höhere Rabatte entstehen (vgl. a.a.O., 8).

In Bezug auf die Veränderung der Kundenstruktur ist bei Arztpraxen und im Einzelhandel festgestellt worden, dass aufgrund der Anwesenheit von ausländischen Fachkräften auch mehr ausländische Kunden/Patienten die Geschäfte und Praxen besuchen (vgl. ebda.).

Der Einsatz interkultureller Kompetenzen der jungen Fachkräfte mit Migrationshintergrund kann zu einer Hervorhebung des Status ‚Ausländer' führen. Einige der befragten Fachkräfte nutzen diese Zuweisung für den beruflichen Alltag, andere sehen ihr eigenes ethnisches Selbstverständnis in Frage gestellt. Sie bewerten ihre eigenen Integrationsbemühungen als erfolglos. Daher wird es auch in Zukunft wichtig sein, wie sie ihr ethnisches Selbstbild definieren. Das ethnische Selbstverständnis zählt zu den persönlichen Faktoren, die den Einsatz interkultureller Kompetenzen beeinflussen können. Zudem spielen auch die betrieblichen Faktoren beim Einsatz interkultureller Kompetenzen junger Fachkräfte mit Migrationshintergrund eine Rolle (vgl. ebda.). Im folgenden Abschnitt werden die persönlichen und betrieblichen Faktoren erörtert.

5.3.3.2 Persönliche und betriebliche Einflussfaktoren interkultureller Kompetenzen

Persönliche Faktoren

In den Interviews wurde das ethnische Selbstverständnis der jungen Fachkräfte mit Migrationshintergrund angesprochen. Die Fachkräfte beschrieben ihr Verhältnis zur deutschen und ausländischen Herkunft und gingen dabei auf ihre Zugehörigkeit ein. Die ethnische Herkunft spielt in Verbindung mit der Aushandlung von Identitätskonzepten bei dem Einsatz interkultureller Kompetenzen eine wesentliche Rolle. Ein positives ethnisches Selbstverständnis fördert den Einsatz interkultureller Kompetenzen im Berufsalltag. Hingegen hemmt ein negatives Verständnis diesen Einsatz. (vgl. BIBB 2005, 9; in Anlehnung an Boos-Nünning/ Karakasoglu).

Wenn der Migrationshintergrund als Vorteil angesehen wird, wechseln junge Fachkräfte zwischen deutschen und herkunftsethnischen Kontexten. Sie nehmen ihre Situation, zwischen den Kulturen zu leben, an (vgl. BIBB 2005, 9). Weitere positive Eigenschaften sind:

- In ihrem multikulturellen Umfeld haben junge Fachkräfte positive Erfahrungen in der Schule und der Wohngegend gemacht und Pflegen Kontakte in die Heimat.

- Junge Fachkräfte sind kontaktfreudig bei der Vermittlung zwischen Firma und Kunde.

- Junge Fachkräfte reflektieren über Migration und Integration und können Forderungen äußern, die die Integrationsleistung in Deutschland verstärken kann.

- Sie können die eigenen interkulturellen Kompetenzen benennen (vgl. ebda.).

Das positive ethnische Selbstverständnis beeinflusst das Verhalten der jungen Fachkräfte. Sie sehen sich als ‚typischer' Vertreter ihrer Ethnie und können in diesem Zusammenhang eine bestimmte Rolle übernehmen. Zudem verbinden sie persönliche Ziele mit dem Einsatz interkultureller Kompetenzen (bspw. Migration in das Herkunftsland). Die jungen Fachkräfte bewerten ihre interkulturellen Kompetenzen als eine Verbesserung der Karrierechancen und sind bereit, die Herkunftssprache ständig zu verbessern und an Zusatzqualifikationen teilzunehmen (z. B. binationale Projekte). Der Konfrontation mit Diskriminierungen im Berufsalltag treten sie energisch entgegen (vgl. a.a.O., 9f.).

Entgegen eines positiven ethnischen Selbstverständnisses äußert ein Teil der Befragten ein distanziertes, aber positives Verhältnis zu ihrer ethnischen Herkunft. Diesen Befragten fällt es schwer, ein ethnisches Selbstverständnis zu formulieren. Zudem berichten sie über negative Erfahrungen mit ihrer ausländischen Herkunft in bestimmten Lebensbereichen (z. B. mit anderen Eltern und in der Schule). Sie trennen in diesem Zusammenhang ‚deutsche' und ‚ausländische' Lebenswelten und verweigern die Vermittlung zwischen ihren Landsleuten und Deutschen. In Bezug auf ihre berufliche Karriere messen sie ihren Kenntnissen über ihre Herkunftssprache keine Bedeutung bei und betrachten sie als ‚gegeben'. In den durch die Muttersprache vorhandenen Potenzialen sehen sie keine Möglichkeiten, ihre Berufschancen zu verbessern und unternehmen keine Anstrengungen, sie weiter zu entwickeln. Dies hemmt den Einsatz interkultureller Kompetenzen, weil sie sich selbst als Deutsche fühlen und keine interkulturellen Kompetenzen mit dem Migrationshintergrund verbinden. Diese Gruppe der befragten Personen setzt die Muttersprache nicht im Berufsalltag ein (vgl. a.a.O., 10).

Die Verwendung von Sprache und die Kommunikation mit anderen Menschen sind weitere wichtige Bestandteile, die den Einsatz interkultureller Kompetenzen fördern. Die befragten Fachkräfte setzen Deutsch, Englisch und ihre Herkunftssprache ein. Nahezu alle Speditions- und Außenhandelskaufleute beherrschen noch eine weitere Fremdsprache. Darüber hinaus haben die meisten Fachkräfte in den allgemein bildenden Schulen Unterricht in ihrer Herkunftssprache erhalten. In den bereits angesprochenen binationalen Projekten haben die Fachkräfte Kenntnisse über fachsprachliche Anforderungen in ihrer Herkunftssprache erworben. Sie sind zudem bereit, ihre Kenntnisse in der Herkunftssprache, sofern sie nicht ausreichen, berufsbegleitend zu verbessern. Alle jungen Fachkräfte sind ständig bestrebt, ihre allgemeinen Sprachkenntnisse zu verbessern und wechseln teilweise nach der Ausbildung den Arbeitsplatz, um sie besser einsetzen zu können (vgl. a.a.O., 10f.). „Die deutsche Sprache bereitet keiner/m Befragten Schwierigkeiten" (a.a.O., 11).

Betriebliche Faktoren

Nach Auswertung der Ergebnisse hat die Kundenstruktur großen Einfluss auf den Einsatz interkultureller Kompetenzen.

> „Hat die Fachkraft an ihrem Arbeitsplatz mit vielen Kunden der gleichen oder anderer Herkunft zu tun, mit denen sie sich in ihrer Erst- oder einer Fremdsprache verständigen kann, fördert dies deren Einsatz." (BIBB 2005, 11).

Die Begründungen hierfür sind vielseitig. Unabhängig von den unterschiedlichen Berufen hat die Kommunikation mit Kunden gleicher Herkunft einen hohen Stellenwert. Zwischen ihnen entsteht eine vertrauensvolle Atmosphäre und ein persönlicherer Umgang als mit anderen Kunden. Nach Meinung der Befragten könne dies in Bezug auf den Handel „[…]den Abschluss von Geschäften fördern" (ebda.). Die Befragten berichten jedoch auch von distanzierteren Verhältnissen zu Kunden, wenn diese höhere Rabatte oder andere Vergünstigungen fordern. Zum anderen fühlen sich Kunden bei der Beratung übervorteilt und bevorzugen daher das Gespräch mit der deutschen Fachkraft. Die Nähe bzw. Distanz bei der Kommunikation geht sowohl vom Kunden als auch von der Fachkraft aus (vgl. ebda.).

Interkulturelle Kompetenzen beeinflussen aber nicht nur die Kundenstruktur. Die jungen Fachkräfte mit Migrationshintergrund richten ihre Bewerbungen speziell an Arbeitsstellen, in denen sie interkulturelle Kompetenzen einsetzen können. Dies geht mit möglichen Veränderungen innerhalb der Unternehmen, in denen Einsatzgebiete interkultureller Kompetenzen entstehen aber auch abgebaut werden einher (vgl. ebda.).

Das Forschungsprojekt hat darüber hinaus untersucht, ob Vorgesetzte den Nutzen interkultureller Kompetenzen wahrnehmen (vgl. a.a.O., 12). „Erkennt die/der Vorgesetzte den Nutzen interkultureller Kompetenzen der Fachkräfte für das Unternehmen, fördert dies deren Einsatz." (a.a.O., 12) Die meisten Vorgesetzten unterstreichen die Wichtigkeit interkultureller Kompetenzen in den jeweiligen Berufen und geben an, dass sowohl ausländische als auch deutsche Kunden von den Fachkräften mit Migrationshintergrund sehr gut betreut würden. Besonders Arzthelferinnen entwickeln durch den Kontakt zu Kunden gleicher Herkunft mehr Selbstvertrauen in ihrem Beruf. Gleichwohl werden bspw. Auslandsreisen für die Vorgesetzten organisiert und Hinweise für ein richtiges Verhalten gegeben. In Bezug auf die Außendarstellung des Unternehmens sehen Vorgesetzte in den ausländischen Fachkräften die internationale Ausrichtung ihres Unternehmens. Besonders für die Berufe Speditionskaufmann und

Außenhandelskaufmann sehen die Vorgesetzten gute Chancen auf dem Arbeitsmarkt (vgl. ebda.).

Allerdings führt die Wahrnehmung des Nutzens interkultureller Kompetenzen der Vorgesetzten nicht gleichzeitig zu deren Wertschätzung. Die zusätzliche Belastung durch den Einsatz interkultureller Kompetenzen der jungen ausländischen Fachkräfte wird nicht eindeutig wahrgenommen und geachtet. Ein Teil der Ärzte bezeichnen ihre ausländischen Fachkräfte lediglich als Übersetzungshilfe, an die sich die Patienten notfalls wenden können. Die kulturellen Aspekte, die in der Kommunikation und bei Verhandlungen mit ausländischen Geschäftspartnern eine wichtige Rolle spielen, werden nicht wahrgenommen (vgl. ebda.). Im Gegenzug erfahren sie Wertschätzung und Respekt „[…] für ihr Engagement und Verantwortungsbewusstsein, ihre Belastbarkeit und Loyalität" (ebda.).

Die Förderung interkultureller Kompetenzen hängt entscheidend von deren Einbindung in den Betrieb ab. Die Auswertung der Ergebnisse identifiziert drei unterschiedliche Ebenen der Einbindung dieser speziellen Kompetenzen (vgl. ebda.). Zum einen wird interkulturellen Kompetenzen wenig Bedeutung beigemessen und gehören damit nicht zum Anforderungsprofil des Arbeitsplatzes, zum anderen gehören sie verbindlich zum Anforderungsprofil des Unternehmens. Hier werden sie speziell für die Kommunikation mit Kunden ausländischer Herkunft eingesetzt. Die Kenntnisse der Herkunftssprache werden vorausgesetzt. (vgl. a.a.O., 13).

Die dritte Ebene beschreibt die umfangreiche Einbindung interkultureller Kompetenzen in einem Unternehmen. Der Einsatz interkultureller Kompetenzen ist Bestandteil der Arbeitsplatzanforderungen und gehört zur Geschäftsstrategie. Vor allem bei Speditionskaufleuten und Außenhandelskaufleuten sind interkulturelle Kompetenzen zentraler Bestandteil der beruflichen Tätigkeit. Sie werden bei der Einstellung stärker berücksichtigt und bei Stellenausschreibungen ausdrücklich gefordert. Bei Fortbildungsmaßnahmen für Mitarbeiter stehen interkulturelle Trainings und Sprachkurse im Mittelpunkt. Die Vorgesetzten nehmen die interkulturellen Potenziale wahr und entdecken in ihnen weitere Einsatzmöglichkeiten der Fachkräfte wie bspw. auf Messen oder in internen Besprechungen. Die Vorgesetzten sehen interkulturelle Kompetenzen als förderliche Qualifikationen für die Karriere an. Sie reflektieren selbst über die Bedeutung kultureller Unterschiede in der Kommunikation mit Patienten oder Kunden ausländischer Herkunft, vermeiden stereotypisches Denken und haben Auslands- oder Migrationserfahrung. Sie haben großes Interesse für Themen der Migration und Integration (vgl. ebda.).

Neben der unterschiedlichen Einbindung interkultureller Kompetenzen fördern oder hemmen die nachfolgenden Aspekte den Einsatz dieser speziellen Kompetenzen.

„Die Qualifizierung interkultureller Kompetenzen durch die Teilnahme am binationalen Projekt und herkunftssprachlichen Unterricht fördert deren Einsatz" (a.a.O., 14).

Die Teilnehmer des Forschungsprojektes beurteilen binationale Projekte sehr positiv, weil die interkulturellen Kompetenzen dadurch gefördert werden. Sie verbessern ihre Erstsprache sowie die Fachsprache und erwerben tiefgründigeres Wissen über ihr Herkunftsland. Die Untersuchungen ergaben, dass die jungen Fachkräfte ihre interkulturellen Kompetenzen durch das binationale Projekt stärker wahrnehmen und wertschätzen. Die jungen Fachkräfte betonen, dass sie eine Zertifizierung interkultureller Kompetenzen für sehr hilfreich halten (vgl. ebda.).

„Diskriminierungserfahrungen können den Einsatz interkultureller Kompetenzen im Beruf hemmen" (ebda.).

Grundsätzlich zeigten die Ergebnisse, dass sich Erfahrungen mit Diskriminierungen, unabhängig davon, ob sie in der Schule, im Beruf oder im Privatleben erfahren werden, negativ auf den Einsatz interkultureller Kompetenzen auswirken. Diskriminierungen hemmen den Einsatz vor allem bei einem negativen ethnischen Selbstverständnis und durch die Abwertung der Fachkompetenz. Bei einem positiven ethnischen Selbstverständnis hingegen hemmen Diskriminierungen den Einsatz nicht maßgeblich. Wenn interkulturelle Kompetenzen einen wichtigen Bestandteil der Arbeit darstellen, nehmen die Befragten Diskriminierungen weniger stark wahr (vgl. ebda.).

Bei der Konfrontation mit Diskriminierungen reagieren die Befragten unterschiedlich. Im Allgemeinen spielt das äußere Erscheinungsbild eine große Rolle. Die jungen Fachkräfte versuchen, nicht als Ausländer erkannt zu werden, indem sie entweder ihr Namensschild abnehmen oder versuchen weitest gehend akzentfrei zu sprechen. Wenn sie jedoch als Ausländer erkannt und diskriminiert werden, nehmen sie diese Situationen meistens hin oder versuchen sie durch Leistung wettzumachen. In diesem Zusammenhang stellte sich durch die Untersuchung heraus, dass nur zwei der siebzehn Vorgesetzten angaben, Diskriminierungen in ihrem Unternehmen oder in ihrer Arztpraxis nicht zu akzeptieren und einzuschreiten, wenn diese Fälle bekannt würden. Hinzu kommt, dass keiner der befragten Fachkräfte angibt, von seinen Vorgesetzten bei solchen Vorfällen Unterstützung zu erhalten (vgl. a.a.O., 14f.).

5.3.4 Schlussbemerkungen und notwendige Konsequenzen und Empfehlungen

Die Ergebnisse des Forschungsprojektes bestätigen überwiegend die im Vorfeld festgelegten Hypothesen. Unter dem zugrunde gelegten Verständnis interkultureller Kompetenz zeigte sich, dass junge Fachkräfte mit Migrationshintergrund über diese Kompetenzen verfügen und sie in unterschiedlichem Maße in ihrem beruflichen Alltag einsetzen. In einigen Fällen zeigte sich, dass interkulturelle Kompetenzen der jungen Fachkräfte auf der einen Seite eher zufällig eingesetzt werden, auf der anderen Seite jedoch eine hohe Verbindlichkeit haben. Die Wertschätzung interkultureller Kompetenzen ist in den untersuchten Berufen unterschiedlich zu bewerten. Während sie in einigen Berufen wenig Bedeutung haben, genießen sie in anderen eine hohe Wertschätzung und finden in den Arbeitsplatzanforderungen besondere Berücksichtigung. (vgl. BIBB 2005, 15). Aus den Schlussbetrachtungen ergeben sich notwendige Konsequenzen und Empfehlungen für die Zukunft:

- Die Förderung der Herkunftssprache und die Alphabetisierung ist unabdingbar und sollte weiterhin in den allgemein bildenden Schulen erhalten bleiben.

- Der fachsprachliche Unterricht sollte während der Ausbildung beibehalten werden. In diesem Zusammenhang fördern binationale Projekte die Entwicklung interkultureller Kompetenzen der jungen Migranten. Danach sollte ein Transfer auch in andere Berufe erfolgen.

- Es sollte über eine mögliche Zertifizierung interkultureller Kompetenzen nachgedacht werden, die dann möglicherweise auch das Bewusstsein der jungen Fachkräfte in Bezug auf ihre eigenen Kompetenzen stärkt.

- Die Vorgesetzten und die Leiter der Personalabteilungen müssen stärker als bisher für interkulturelle Kompetenzen sensibilisiert werden. Dies könnte über eine stärkere Informationspolitik über die Berufsverbände und entsprechende Zeitschriften publiziert werden.

- Die Ergebnisse dieses Forschungsprojektes liefern im Hinblick auf die Ausbildungssituation der Jugendlichen mit Migrationshintergrund einen wichtigen Beitrag, um ihre Bildungslage zu verbessern (vgl. ebda.).

Das Forschungsprojekt ‚Interkulturelle Kompetenz junger Fachkräfte mit Migrationshintergrund: Bestimmung und beruflicher Nutzen' hat gezeigt, dass junge Fachkräfte interkulturelle Kompetenzen besitzen und dass diese im Berufsalltag Anwendung finden. Interkulturelle

Kompetenzen sind nach den vorgestellten Ergebnissen feststellbar und können klassifiziert werden. Doch bevor Jugendliche mit Migrationshintergrund in das Erwerbsleben eintreten können, müssen sie zunächst eine Berufsausbildung absolvieren. Bei dem Zugang zu einer Berufsausbildung stoßen sie jedoch auf Hindernisse (siehe auch Kap. 4) (vgl. BIBB 2005, 1). Die Ergebnisse dieses Forschungsprojektes liefern für Jugendliche mit Migrationshintergrund einen wichtigen Beitrag zu einer möglichen Qualifizierung dieser Benachteiligtengruppe. Das nächste Kapitel beschreibt einen Weg, interkulturelle Kompetenzen der Migrantenjugendlichen sichtbar zu machen, um eine mögliche Verbesserung der Bildungsbeteiligung in der beruflichen Bildung zu ermöglichen.

5.4   Integration durch Kompetenzfeststellung

Dieses Kapitel beschreibt einen möglichen Lösungsansatz, um interkulturelle Kompetenzen bei Jugendlichen mit Migrationshintergrund festzustellen. Das Programm „Kompetenzen fördern – Berufliche Qualifizierung für Zielgruppen mit besonderem Förderbedarf" (BQF-Programm) des BMBF verfolgt das Ziel der beruflichen Integration der jugendlichen Migranten. Aus diesem Programm geht das Modell der Kompetenzfeststellung durch Kompetenzfeststellungsverfahren hervor, das in diesem Kapitel vorgestellt wird.

5.4.1   Das Programm ‚Kompetenzen fördern – Berufliche Qualifizierung für Zielgruppen mit besonderem Förderbedarf' (BQF-Programm)

Eine Berufsausbildung bildet die Grundlage für eine erfolgreiche berufliche und persönliche Entwicklung. Die Zielsetzung der Bundesregierung und der Wirtschaft lautet ‚Ausbildung für alle'. Sie ist auch im ‚Nationalen Pakt für Ausbildung und Fachkräftenachwuchs in Deutschland' mit Beschluss vom Juni 2004 verankert. Im Kern dieser Aufgabe steht die „[…] strukturelle und qualitativ-inhaltliche Modernisierung der beruflichen Benachteiligtenförderung […]" (BMBF 2005, 232) mit dem Ziel einer dauerhaft erfolgreichen Integration in den Beruf. Das BQF-Programm des BMBF hatte eine Laufzeit von 5 Jahren (2001 – 2006) bei einem Investitionsvolumen von 60 Millionen Euro (davon 50% aus dem europäischen Sozialfonds) (vgl. BMBF 2005, 232).

Das Programm konzentriert sich auf vier Schwerpunktbereiche:

> „die Optimierung der Förderstrukturen, die Verbesserung der Arbeit der Bildungs-
> einrichtungen, die Stärkung von Ansätzen zur Prävention gegen Ausbildungslosig-
> keit bereits in der Schule und die Verbesserung der Ausbildungchancen von
> Migrantinnen und Migranten" (ebda.).

Das BQF-Programm knüpft zudem an die schon erläuterten Beschlüsse der Arbeitsgruppe ‚Aus- und Weiterbildung' im Bündnis für Arbeit, Ausbildung und Wettbewerbsfähigkeit an (siehe Kap. 5.2). Aus den Schwerpunkten ergeben sich folgende Zielsetzungen (vgl. a.a.O., 233). „Das BQF-Programm zielt darauf ab,

- die berufliche Benachteiligtenförderung strukturell und qualitativ-inhaltlich weiterzuentwickeln,
- die Effizienz vorhandener Fördermaßnahmen zu steigern,
- Lücken im Angebot der Benachteiligtenförderung zu erkennen und zu schließen,
- im Ausbildungssystem wirkende Akteure für die berufliche Qualifizierung von Jugendlichen mit besonderem Förderbedarf zu sensibilisieren und ihr Engagement zu stärken,
- die berufliche Integration von Migrantinnen und Migranten zu verbessern." (ebda.)

Die Konzeption des Programms umfasst vier Innovationsbereiche mit 17 Themenschwerpunkten. In den Innovationsbereichen wurden bei der Umsetzung des BQF-Programms Entwicklungsplattformen eingesetzt. Entwicklungsplattformen sind themenspezifische Netzwerke, die sich an den bildungspolitischen und berufspolitischen Zielsetzungen orientieren und den Erfahrungsaustausch, die Ergebnissicherung und den Ergebnistransfer sichern. Im Rahmen des Programms existieren vier Entwicklungsplattformen (vgl. ebda.). Zu ihnen gehören ‚Gewinnung des Lernortes Betrieb', ‚Kompetenzentwicklung vor dem Übergang Schule – Berufsbildung', ‚Individuelle Förderung' und ‚Netzwerkbildung'. Dabei wurde jedes geförderte BQF-Programm einer Entwicklungsplattform zugeordnet (vgl. ebda.).

Die fachlich-wissenschaftliche Begleitung innerhalb des BQF-Programms übernimmt speziell für jugendliche Migranten, die ‚Initiativstelle berufliche Qualifizierung von Migrantinnen und Migranten' (IBQM) des BIBB. Diese speziell geförderten Vorhaben sind zum einen Einzelvorhaben, die in Entwicklungswerkstätten mit den Themen ‚Interkulturelle Dimension von Kompetenzfeststellung und –entwicklung' und die ‚Interkulturelle Öffnung des Handlungsfeldes der Berufsbildung und des öffentlichen Dienstes' behandelt werden. Zum anderen existieren zehn lokale und regionale Berufliche Qualifizierungsnetzwerke (BQN). Das Ziel dieser

BQN ist eine Kooperation mit kommunalen Einrichtungen, Arbeitsagenturen, Kammern und Migrationsorganisationen anzustreben, um eine nachhaltige Verbesserung der strukturellen Rahmenbedingungen für Migrantenjugendliche im deutschen Bildungssystem zu erreichen. In diesem Zusammenhang verfolgt die BQN eine Eingliederung in das Regelsystem von Bildung und Ausbildung mit dem Ziel, die Akteure im Berufsbildungssystem für diese Benachteiligtengruppe zu sensibilisieren (vgl. ebda.). Innerhalb dieser lokalen und regionalen Kooperation der BQN entstehen Projekte in fünf Handlungsfelder (vgl. a.a.O., 268):

> „1.   Übergang Schule - Ausbildung – Beruf,
> 2.   Akquisition von Ausbildungsplätzen,
> 3.   Berufsbildungsförderungspolitik für Migrantinnen und Migranten auf lokaler und regionaler Ebene
> 4.   Bildungs-, Hochschul-, Weiterbildungs- und Forschungspolitik,
> 5.   Öffentlichkeitsarbeit." (ebda.).

Die IBQM hat sich, wie bereits angesprochen, die interkulturelle Dimension von Kompetenzfeststellung und –entwicklung in Entwicklungswerkstätten zur Aufgabe gemacht. Hinzu kommt, dass die Ergebnisse des in Kapitel 5.3 vorgestellten Forschungsprojektes bestätigen, dass interkulturelle Kompetenzen zum einen im beruflichen Alltag Anwendung finden. Zum anderen ist es Aufgabe der IBQM, die Zertifizierung als Zusatzqualifikation zu fordern. Die Identifizierung und Feststellung interkultureller Kompetenzen bei Jugendlichen mit Migrationshintergrund können mit Hilfe von Kompetenzfeststellungsverfahren eine Möglichkeit bieten, die berufliche Integration zu fördern.

5.4.2   Kompetenzfeststellung von Jugendlichen mit Migrationshintergrund

In der heutigen Arbeitswelt spielen Kompetenzfeststellungsverfahren (Assessment Center, Eignungstests, Einstellungstests, Profilings) in den Personalentscheidungen der Betriebe eine wichtige Rolle. Dies wird schon im Hinblick auf die aktive Arbeitsmarktpolitik der Bundesagentur für Arbeit (BA) deutlich, in dem die ‚Ausbildungsreife' im Kontext feststellbarer Kompetenzen und im Spannungsverhältnis des dreigliedrigen Schulsystems und der wenigen Ausbildungsplätze steht (vgl. BAUMGRATZ-GANGL/ ZALSCHER 2006, 43).

Die Kompetenzfeststellungsverfahren können hierbei als

> „[…] Prozess verstanden werden, in dem Sinn- und Bedeutungsaushandlungen
> zwischen den durchführenden Akteuren und den Probanden ermöglicht werden
> müssen, um Unterschieden in der Bewertung von unterschiedlichen Sozialisations-

kontexten und Lernkulturen erworbenen Kompetenzen Ausdruck zu verleihen und sie bewusst zu machen" (a.a.O., 45).

Die Kompetenzfeststellung umfasst hierbei jede Leistungsbewertung, Zertifizierung und Qualifikation als formale Bildung und Ausbildung. Neben den formellen Kompetenzen sind auch non-formale Kompetenzen von Jugendlichen mit Migrationshintergrund im gesamten Sozialisationsprozess mit einzubeziehen. Jedoch liegen nach Ansicht von BAUMGRATZ-GANGL/ ZALSCHER in den als transparent und objektiv publizierten Kompetenzfeststellungsverfahren neue Gefahren für Migrantenjugendliche. Sie kritisieren bestehende Vorurteile und stereotypisches Denken, das an die Stelle der Beurteilung der Gesamtpersönlichkeit tritt und sich damit bei der Kompetenzfeststellung zwischen die Bewerber und die Personalentscheider schiebt (vgl. a.a.O., 43). BAUMGRATZ-GANGL/ ZALSCHER befürworten daher Portfolioansätze, die die Kompetenzen in einen biografischen Zusammenhang stellen und diese mit der Kompetenzentwicklung verknüpfen und als Prozess begreifen. Die nachfolgende Grafik stellt einen möglichen Weg dar, Kompetenzen zu entwickeln und zu identifizieren und den biografischen Bildungsverlauf in den institutionellen Zusammenhang Schule – Ausbildung – Beruf zu stellen (vgl. a.a.O., 43ff.). Die Grafik veranschaulicht die schon beschriebe Schwellenproblematik der ersten und zweiten Schwelle, aus der zu entnehmen ist, dass die Problematik der Integration schon lange vor dem Übergang Schule – Ausbildung beginnt und über die Form der Bildungsbeteiligung entscheidet (vgl. a.a.O., 46; siehe auch Kap. 4).

Abbildung 14: Migrationssensible Kompetenzfeststellung

Migrationssensible Kompetenzfeststellung und -entwicklung

Biografische Dimension	Institutionelle Dimension	Verfahren
Formale, non-formale, informelle Kompetenzen	Handlungs-Kontext der Kompetenzfeststellung und -entwickluung	Kompetenzfeststellung im Handlungskontext

◀ ◀ ◀ ◀ ◀ **Kurzfristige Lösungswege** ▶ ▶ ▶ ▶ ▶

Langfristige Lösungswege / Sozialisierungsprozess / Kompetenzentwicklung	**Berufsorientierung**	Grundschule	Sprachstandstest	**Biografisch, Ausbildungsorientiert, Berufsorientiert**
		Sekundarstufe I	Schulempfehlung	
	Prävention, Übergangsmanagement	Sekundarstufe II	Kompetenzfeststellung in der Schule	
		Berufsvorbereitung	Jemanden für Maßnahmen auswählen	
		Ausbildungsbetriebe	Jemanden für Ausbildung auswählen	
		Arbeitsagenturen	Eignungstest	

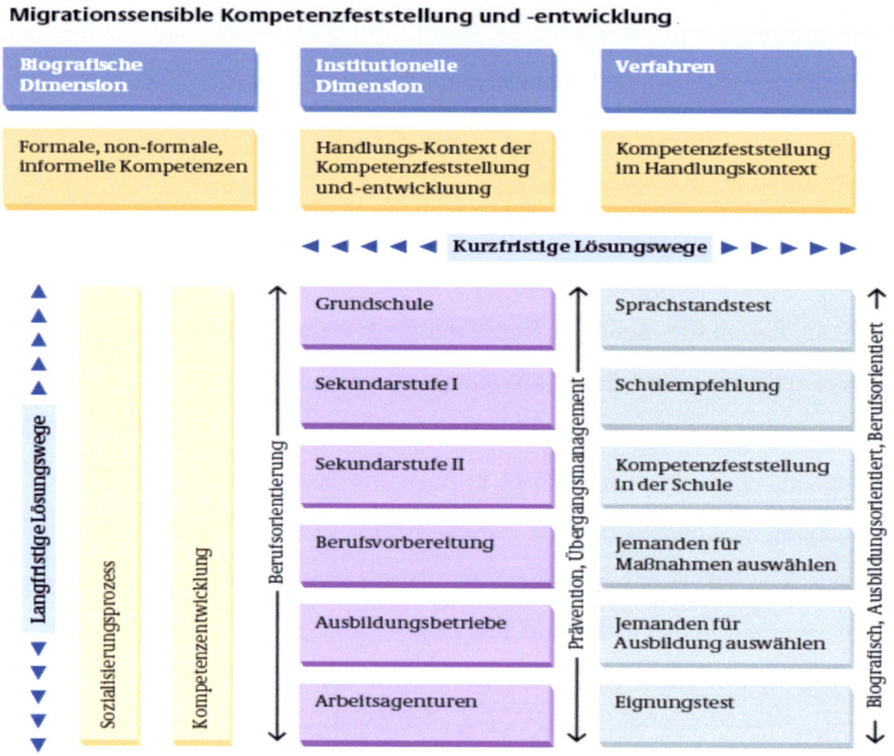

Quelle: BAUMGRATZ-GANGL/ ZASCHEL 2006, 49

Im Hinblick auf die interkulturellen Kompetenzen der Migrantenjugendlichen ist es von Bedeutung, dass diese speziellen Kompetenzen nicht nur unter dem Gesichtspunkt des Nutzens für Betriebe Anwendung finden. Sie müssen auch unter Aspekten der Persönlichkeitsentwicklung betrachtet werden (vgl. a.a.O., 44).

Die Ergebnisse in einem BQF-Vorhaben in Berlin beschreiben allerdings Probleme bei der Feststellung interkultureller Kompetenzen. In dem BQF-Vorhaben wird zwar zunächst die Entwicklung dieser Kompetenzen befürwortet, wenn interkulturelle Kompetenz nicht nur in Bezug auf die Herkunftskultur, sondern auch auf die Jugendkultur zu verstehen ist. Das Aufeinandertreffen von Jugendlichen unterschiedlicher Herkunft bedeutet jedoch eine große Herausforderung im Gegensatz zu einem Zusammentreffen von Deutschen und Türken aus dem selben Berliner Bezirk. Diese Erfahrung und die Äußerungen der jugendlichen Migranten, diese Zusammenkunft als positive Diskriminierung zu empfinden, hat dazu geführt (vgl. DELBRÜCK/ RUDOLPHI/ ZALSCHER 2006, 37), „[…] interkulturelle Kompetenzen nicht als ein festzustellendes Merkmal in der Kompetenzfeststellung zu betrachten" (ebda.). Ein weiteren

Grund stellten nach DELBRÜCK/ RUDOLPHI/ ZALSCHER die methodischen Schwierigkeiten dar. Interkulturelle Kompetenzen sind nur dann feststellbar, wenn kulturelle Überschneidungssituationen vorliegen. Falls diese Überschneidungssituationen nicht in natürlicher Weise gegeben sind, müssten sie simuliert werden. Eine Simulation solcher Überschneidungssituationen (bspw. ein Türke arbeitet mit einem Bayern zusammen) führte nach bisherigen Erkenntnissen zu negativen Effekten, in dem kulturelle Eigenschaften und Verhaltensweisen stereotypisiert wurden (vgl. ebda.).

Der Erfolg von Kompetenzfeststellungsverfahren ist von verschiedenen Faktoren abhängig. Um öffentliche und private Träger, Betriebe und andere Einrichtungen über die Ziele, Folgen und Grenzen des Einsatzes von Kompetenzfeststellungsverfahren zu informieren, müssen die institutionellen Besonderheiten in der Zielsetzung beim Personal und bei der Einbettung in die Arbeitswelt Berücksichtigung finden. Die Akteure, die Kompetenzfeststellungsverfahren durchführen, sollten sensibel auf die Bedürfnisse der jungen Migranten reagieren und sich selbst mit interkulturellen Kompetenzen beschäftigt haben. Der Erfolg von Kompetenzfeststellungsverfahren ist von fünf Standards abhängig. Zum einen ist auf die Partizipation der Teilnehmer zu achten. Im Wesentlichen ist hier unter Zugrundelegung allgemeiner pädagogischer Prinzipien die Herkunftskultur, die Sprache und das Geschlecht zu berücksichtigen. Die Selbstreflexion der Teilnehmenden über Vorurteile und Stereotypenbildung gegenüber anderen ist ebenfalls zu thematisieren. Eine ‚Wilkommensatmosphäre' soll die jungen Migranten ermutigen aktiv an der Feststellung ihrer eigenen Kompetenzen mitzuarbeiten, um ihren beruflichen Weg (Berufsorientierung oder Berufsvorbereitung) selbstbestimmend in die Hand zu nehmen (vgl. a.a.O., 45).

Einen wichtigen Bestandteil bei Kompetenzfeststellungsverfahren bildet das eingesetzte Personal. Neben der pädagogischen Eignung muss die Fähigkeit zu einem interkulturellen Austausch gegeben sein. Hinzu kommen weitere fachliche, soziale und methodische Anforderungen an das Personal (vgl. a.a.O., 46):

- „der sichere Umgang mit Kompetenzfeststellungsverfahren
- Kenntnisse der Berufe und des Berufslebens wie des regionalen Arbeits- und Ausbildungsmarktes
- die Fähigkeit zur systematischen Beobachtung
- die Kompetenz, förderliche Auswertungs- und Beratungssituationen schaffen zu können" (ebda.)

Auf der methodischen Ebene sind handlungsorientierte Methoden einzusetzen, die die Zielsetzung verfolgen, interkulturelle Konfliktsituationen und interkulturelle Missverständnisse diskutieren zu können. Hier ist innerhalb der Zielgruppe danach zu differenzieren, ob die jungen Migranten schon über ein hinreichendes Testverständnis verfügen, den Aufbau von Tests, Aufgaben und Übungen kennen, eine andere kulturelle Prägung mitbringen und ob die deutsche Schulbildung in Bezug auf die Vorstellungen des Lernens fremd ist. Die genannten Themen bieten die Möglichkeit zu einem interkulturellen Austausch (vgl. a.a.O, 47).

Die Verfahrensebene beschreibt einen weiteren Standard bei der Kompetenzfeststellung. Sie sollte mit der methodischen Ebene korrespondieren. Auf der Verfahrensebene spielt der Einsatz von standardisierten Tests oder dialogischen und reflexiven Methoden eine bedeutende Rolle. Während bei der Erfassung des Sprachstands standardisierte Tests eingesetzt werden können, sind bspw. bei der eigenverantwortlichen Berufsfindung dialogische und reflexive Verfahren geeignet (vgl. a.a.O, 48).

Die Chancengleichheit und Geschlechtergleichheit spielen auf der Ebene der institutionellen Rahmenbedingungen eine wichtige Rolle. Hierzu sollten neben Raum, Zeit, Personal und Finanzen auch die Gleichstellung der Kulturen und der Geschlechter bei der Einbettung der Kompetenzfeststellungsverfahren in die Institutionen beachtet werden. Zudem sollten die Ergebnisse der Verfahren an andere Instanzen weitergegeben werden, die den Lebenslauf der jungen Migranten begleiten. Schließlich sollte die Kompetenzfeststellung der jungen Migranten auf Basis der Ergebnisse ein Angebot zur Beratung und Qualifizierung darstellen. Kompetenzfeststellungsverfahren sind erst dann ein sinnvoller Beitrag zur Förderung der jungen Migranten (vgl. ebd.).

6   Schlussbetrachtungen

In Deutschland leben ca. 80 Mio. Menschen. Die Bevölkerungsstruktur der Bundesrepublik zeigt, dass Deutschland mit 15,3 Mio. Migranten aus unterschiedlicher Herkunft, ein Einwanderungsland ist. Mit 27,2% stellt die Altersgruppe der 15 bis 25-jährigen jugendlichen Migranten einen wichtigen Bestandteil dieser Bevölkerungsgruppe dar. Die Ausführungen in Kapitel vier haben gezeigt, dass Jugendliche mit Migrationshintergrund mehrfach benachteiligt sind. Beispielsweise sind sie im allgemein bildenden Schulwesen prinzipiell häufiger an Hauptschulen anzutreffen als Jugendliche ohne Migrationshintergrund. Die Chance, einen Ausbildungsplatz zu bekommen, ist selbst bei gleichwertigem Schulabschluss geringer als bei der Vergleichsgruppe. Nach Beendigung der Schulpflicht durchlaufen sie u.a. aus diesem Grund häufiger berufsvorbereitende Maßnahmen. Es ist also unabdingbar, dass wir uns besonders dieser Altersgruppe bzw. Bevölkerungsgruppe stärker annehmen müssen.

Trotz der aufgezeigten Benachteiligung besitzen die Migrantenjugendlichen Potenziale. Diese gilt es aufzugreifen. Die Ergebnisse des Forschungsprojektes ‚Interkulturelle Kompetenzen von Jugendlichen mit Migrationshintergrund: Bestimmung und beruflicher Nutzen' haben gezeigt, dass Jugendliche mit Migrationshintergrund interkulturelle Kompetenzen besitzen und diese auch in ihrem Berufsalltag einsetzen. Jedoch finden sie in den Institutionen Schule und in den Unternehmen bisher keine ausreichende Berücksichtigung. Unter diesen Umständen können diese speziellen Kompetenzen der jugendlichen Migranten nicht weiter ausgebildet werden. Die Arbeitsgruppe ‚Aus- und Weiterbildung' im Bündnis für Arbeit, Ausbildung und Wettbewerbsfähigkeit hat zwar im Jahr 2000 Leitlinien zur besseren Förderung der Aus- und Weiterbildung' ausländischer Jugendlicher entwickelt, um besonders die Stärken und Potenziale der jungen Migranten zu berücksichtigen. In den Berufsschulen ist jedoch festzustellen, dass keine interkulturellen Lerninhalte in den Rahmenlehrplänen verankert sind. Mit einer Aufnahme interkultureller Lerninhalte in die bestehenden Curricula kann meiner Meinung nach überhaupt erst eine Basis geschaffen werden, interkulturelle Kompetenzen zu fördern. Insgesamt sehe ich die Aufgabe der Berufsschule darin, die interkulturellen Kompetenzen der jugendlichen Migranten gezielter zu fördern, damit ihre Chancen auf eine berufliche Qualifikation steigen. Hierfür sind zwei Dinge erforderlich:

1. Diese Forderung geht mit einer entsprechenden Verbesserung der Ausbildung der Lehrkräfte für Berufliche Schulen einher. Aufgrund der Tatsache, dass viele jugendliche Migranten

sich aufgrund der geringen Chancen auf eine Ausbildung in berufsvorbereitenden Maßnahmen befinden, unterrichten Berufs- und Wirtschaftspädagogen häufig in Klassen mit einem hohen Ausländeranteil. Ich halte es daher für erforderlich, Inhalte der Interkulturellen Pädagogik in die Studiengänge Berufs- und Wirtschaftspädagogik an Hochschulen zu integrieren.

2. Zum anderen ist es erforderlich, dass Unternehmen den Wert dieser Kompetenzen anerkennen. Im Kontext des Zusammenwachsens von Europa, der steigenden internationalen Ausrichtung der Unternehmen sowie der wachsenden Anzahl ausländischer Mitbürger innerhalb Deutschlands ist der Einsatz interkultureller Kompetenzen in immer mehr Bereichen unverzichtbar. Dennoch zeigen die Ergebnisse dieses Buches, dass interkulturelle Kompetenzen im Berufsalltag von den Vorgesetzten zwar wahrgenommen werden, sie jedoch kaum Wertschätzung erfahren. Die fehlende Wertschätzung lässt sich zum einen damit begründen, dass interkulturelle Kompetenzen in bestimmten Berufen unterschiedlich stark eingebunden sind. Dies hängt von dem Anteil der Kommunikation mit ausländischen Kunden ab. Zum anderen sind sich die Vorgesetzten über den Wert und den Nutzen des Einsatzes interkultureller Kompetenzen der jugendlichen Migranten gar nicht bewusst. Sie wissen zu wenig über die vorhandenen interkulturellen Potenziale der jungen Migranten. Hieraus resultiert, dass diese speziellen Kompetenzen in Unternehmen kaum Berücksichtigung finden. Meiner Meinung nach muss daher eine bessere und effizientere Informationspolitik durch die Berufsverbände erfolgen, um die Unternehmen für den Wert der interkulturellen Kompetenzen zu sensibilisieren.

Im wissenschaftlichen Kontext ist die Nichtberücksichtigung der interkulturellen Kompetenzen m. E. auf den immer noch häufig attestierten Kulturkonflikt und mit den Defiziten der Migrantenjugendlichen zurückzuführen. Der Kulturkonflikt bezieht sich allein auf zugeschriebene Identitätsstörungen der jungen Migranten, die durch das Aufwachsen zwischen den Kulturen hervorgerufen werden. Die Ergebnisse des o.g. Forschungsprojektes belegen, dass trotz der starken kulturellen Prägung durch das Herkunftsland in jungen Jahren die Perspektive gegeben ist, sich in die Aufnahmegesellschaft zu integrieren. Die Integration kann durch einen Assimilations- oder Enkulturationsprozess erfolgen. Diesen Prozess begünstigt die eher weniger gefestigte Identitätsentwicklung der jugendlichen Migranten. Bei ihnen gilt das Prinzip der Patchwork-Identität, d.h., der Konstruktion der Identität aus mehreren Fäden und der ständig neuen Aushandlung der Identität. Aus diesem Grund können den Migrantenjugendlichen keine Identitätsstörungen unterstellt werden.

Im Zusammenhang mit dem Defizitansatz werden die sprachlichen Defizite der jugendlichen Migranten beim Zugang zum deutschen Bildungssystem und bei Empfehlungen für höhere Schulformen oft zum Verhängnis. Den sprachlichen Defizite kann durch begleitenden Zusatzunterricht im Fach Deutsch entgegen gewirkt werden.

Um die Bildungschancen der jugendlichen Migranten zu verbessern, bietet der Kulturkonflikt- und Defizitansatz kaum Möglichkeiten, auch wenn damit die längeren Bildungsverläufe und zweifellos vorhandenen sprachlichen Schwächen erklärt werden können. Diesen Ansätzen wird meiner Meinung nach zu viel Bedeutung beigemessen. Die Berufs- und Arbeitswelt orientiert sich immer stärker an vorhandenen Potenzialen und der damit verbundenen Bildung und Qualifizierung in Form von Kompetenzen. Die Herausbildung von Kompetenzen ist mittlerweile in allen Institutionen verankert, sei es in den Rahmenlehrplänen der Schule, in denen die Ziele Fachkompetenz, Sozialkompetenz und Selbstkompetenz beschrieben werden, oder bei Bewerbungen um einen Ausbildungsplatz, bei dem Einstellungsgespräche oder Einstellungstests vorhandene Kompetenzen der Bewerber aufzeigen sollen. In Arbeitsplatzbeschreibungen findet man ebenfalls geforderte Kompetenzen, die Bewerber mit in das Unternehmen bringen sollten. Jugendliche mit Migrationshintergrund sind bei der Identifizierung von Kompetenzen benachteiligt, weil ihre speziellen Ressourcen und Potenziale nicht berücksichtigt werden. Dies zeigt vor allem die aufgezeigte Bildungsbeteiligung der Migrantenjugendlichen an den Schwellen Schule – Ausbildung und Ausbildung – Erwerbsleben. Die Bewertung der Kompetenzen der jugendlichen Migranten an den Übergängen reichen nicht aus, um eine höhere Schulform besuchen zu können, einen Ausbildungsplatz zu bekommen oder nach der Ausbildung einen Arbeitsplatz zu erhalten. Eine stärkere Orientierung an den Potenzialen jugendlicher Migranten hat sich in den Institutionen bisher noch nicht durchgesetzt. Hier ist ein grundlegender Perspektivwechsel notwendig, damit interkulturelle Kompetenzen als Potenzial zur Verbesserung der Bildungslage der jugendlichen Migranten beitragen.

Die Verbesserung der Bildungslage der jugendlichen Migranten bedarf einer stärkeren Orientierung an Ressourcen und Kompetenzen statt am unterstellten Kulturkonflikt und Defiziten. Die Ressourcen und Potenziale der Jugendlichen mit Migrationshintergrund müssen von den Hauptakteuren der beruflichen Bildung erkannt und gefördert werden. Diese Notwendigkeit wurde bereits von der Bundesregierung und vom Bundesinstitut für Berufsbildung (BIBB) erkannt und Maßnahmen zur Einleitung dieses Perspektivwechsels vollzogen. Dies bestätigen zum einen die Handlungsempfehlungen der bereits erwähnten Arbeitsgruppe ‚Aus- und Weiterbildung von Migrantinnen und Migranten' der Bundesregierung, zum anderen die Ergebnisse des Forschungsprojekts des BIBB über die Bestimmung und den beruflichen Nutzen von interkulturellen Kompetenzen der jugendlichen Migranten. Die Identifizierung und gezielte Förderung dieser Kompetenzen reichen allerdings allein nicht aus, um strukturelle Benachteiligungen durch das deutsche Bildungssystem auszugleichen. Interkulturelle Kompetenzen müssen meiner Meinung nach als Zusatzqualifikation anerkannt werden. Für diese Anerkennung spricht die aufgezeigte Mehrbelastung der jungen Migranten durch den Einsatz interkultureller Kompetenzen im Berufsalltag und Zusatzleistungen wie das Beherrschen verschiedener Sprachen, kulturspezifisches Wissen, das Wissen über die Kulturabhängigkeit von den Denkens- und Verhaltensstrukturen und spezielles Deutungswissen über Kulturen. Für die Zertifizierung interkultureller Kompetenzen bieten Kompetenzfeststellungsverfahren einen möglichen Lösungsansatz. Diese Kompetenzfeststellungsverfahren müssen in einen biografischen Zusammenhang gestellt werden, der langfristige Lösungswege zur Entwicklung und Feststellung interkultureller Kompetenzen der Jugendlichen mit Migrationshintergrund berücksichtigt und bereits in der Grundschule beginnt. Hier sind allerdings Unterschiede im Hinblick auf den Zeitpunkt des Eintrittes der jugendlichen Migranten in das deutsche Bildungssystem zu berücksichtigen.

In diesem Zusammenhang ist kritisch anzumerken, dass Akteure, die Kompetenzfeststellungsverfahren durchführen, durch Vorurteile und stereotypisches Denken die Authentizität der Kompetenzfeststellung gefährden. Im Kontext der biografischen Kompetenzfeststellung betrifft dies Lehrer und Leiter von Personalabteilungen. Für diese Verfahren müssen sie daher entsprechend ausgebildet sein. Dies beinhaltet den migrationssensiblen Umgang mit jungen Migranten und setzt interkulturelle Kompetenzen der Akteure voraus. Ich halte zudem die Weitergabe der Ergebnisse der Kompetenzfeststellung an alle Bereiche der Schule (von der Grundschule bis zu den Berufsschulen) bis in die Personalabteilungen der Unternehmen für erforderlich, wenn interkulturelle Kompetenz als ausgewiesene und zertifizierte spezielle Kompetenz in die Bewertung der Bewerbung jugendlicher Migranten einfließen soll.

Abschließend bleibt festzuhalten, dass die Situation der Jugendlichen mit Migrationshintergrund durch die Konzentration auf ihre interkulturellen Kompetenzen verbessert werden kann, wenn diese künftig in der Lehrerbildung, im allgemeinen sowie im beruflichen Schulwesen und in den Unternehmen verstärkt Beachtung finden.

7   Literaturverzeichnis

ADORNO, TH. W. U.A. (1969):

Der autoritäre Charakter. Studien über Autorität und Vorurteil. 2. Bd., Amsterdam.

AHLHEIM, K./ HEGER, B. (1999):

Vorurteile und Fremdenfeindlichkeit: Handreichungen für die politische Bildung, 2. leicht veränderte Auflage, Schwalbach.

ALBA, R. D./ HANDL, J./ MÜLLER, W. (1994):

Ethnische Ungleichheit im deutschen Bildungssystem. In: Kölner Zeitschrift für Soziologie und Sozialpsychologie, 46, Köln, S. 209-237.

ALLPORT, G. W./GRAUMANN, C. F. (1971):

Die Natur des Vorurteils, Köln.

ALT, C./ GRANATO, M. (2001):

Berufliche Ausbildung einschließlich Nachqualifizierung junger Erwachsener mit Migrationshintergrund. In: Arbeitsstab Forum Bildung (Hrsg.): Bildung und Qualifizierung von Migrantinnen und Migranten. Anhörung des Forums Bildung am 21. Juni 2001 in Berlin, Bonn, S. 45-60.

ARBEITSGRUPPE ,AUS- UND WEITERBILDUNG' IM BÜNDNIS FÜR ARBEIT, AUSBILDUNG UND WETTBEWERBSFÄHIGKEIT (2000):

Aus- und Weiterbildung von jungen Migrantinnen und Migranten. In: Informationen für die Beratungs- und Vermittlungsdienste (ibv) Nr. 35/00, Nürnberg, http://doku.iab.de/ibv/2000/ibv3500_3473.pdf, Zugriff am 09.07.2007.

ARBEITSGRUPPE DES HESSISCHEN KULTUSMINISTERIUMS (Hrsg.) (1995):

Die Berufsschule, Grundlagen für den Bildungsauftrag, Zielvorgaben für den Unterricht, http://berufliche.bildung.hessen.de/p-informationenhkm/bsgrund.pdf; Zugriff am 10.07.2007.

ARBEITSHILFEN FÜR POLITISCHE BILDUNG (2000[2]):

Interkulturelles Lernen. Bundeszentrale für politische Bildung (Hrsg.), Bonn.

AUERNHEIMER, G. (1996):

Pädagogik in multikulturellen Gesellschaften, Frankfurt a. M..

AUERNHEIMER, G. (2000[2]):

Grundmotive und Arbeitsfelder interkultureller Bildung und Erziehung. In: Bundeszentrale für politische Bildung (Hrsg.): Interkulturelles Lernen. Arbeitshilfen für die politische Bildung, Bonn, S. 18 – 28.

AUERNHEIMER, G. (2005[4]):

Einführung in die Interkulturelle Pädagogik, Darmstadt.

BAUMER, T. (2002):

Handbuch Interkulturelle Kompetenz, Zürich.

BAUMGRATZ-GANGL, G./ ZALSCHER, M. (2006):

Konzepte und Interventionsstrategien: Ergebnisse der Modellvorhaben und BQN. In: Bundesministerium für Bildung und Forschung (Hrsg.): Modelle und Strategien zur Verbesserung der Bildungsbeteiligung von Jugendlichen mit Migrationshintergrund. Ergebnisse der Initiativstelle Berufliche Qualifizierung von Migrantinnen und Migranten (IBQM) beim Bundesinstitut für Berufsbildung (BIBB), Band III der Schriftreihe zum Programm „Kompetenz fördern – Berufliche Qualifizierung für Zielgruppen mit besonderem Förderbedarf (BQF-Programm)", Bonn, S. 41 – 80.

BELZ, H./ SIEGRIST, M. (2000[2]):

Kursbuch – Schlüsselqualifikationen: Ein Trainingsprogramm, Freiburg im Breisgau.

BERING, K. (2003):

Über die Notwendigkeit kultureller Kompetenz. In: Bering, K./ Bilstein, J./ Thurn, Th, P. (Hrsg.): Kultur – Kompetenz, Oberhausen, S. 145 – 164.

BÖHM, D./ BÖHM, R./ DEISS-NIETHAMMER, B. (1999): Handbuch interkulturelles Lernen: Theorie und Praxis für die Arbeit in Kindertageseinrichtungen, Freiburg.

BOJANOWSKI, A,/ DEDERING, H./ FEIG, G. (1996):

Benachteiligtenförderung. In: Dedering, H. (Hrsg.): Handbuch zur arbeitsorientierten Bildung, München, S. 501 – 529.

BOSS-NÜNNING, U./ HOHMANN, M./ REICH, H./ WITTEK, F. (1983):

Aufnahmeunterricht, Muttersprachlicher Unterricht, Interkultureller Unterricht. Ergebnisse einer vergleichenden Untersuchung zum Unterricht für ausländische Kinder in Belgien, England, Frankreich und den Niederlanden, München.

BRÜCKNER, P. (1978[6]):

Die Transformation des demokratischen Bewusstseins. In: Agnoli, J./Brückner, P. (Hrsg): Die Transformation der Demokratie, Frankfurt, S. 89 – 189.

BUNDESINSTITUT FÜR BERUFSBILDUNG (Hrsg.) (2003a):

1. Forschungsprojekt Nr. 2.4.102: Interkulturelle Kompetenzen junger Fachkräfte mit Migrationshintergrund: Bestimmung und beruflicher Nutzen, Bonn,

http://www2.bibb.de/tools/fodb/pdf/at_24102.pdf, Zugriff am 09.07.2007.

BUNDESINSTITUT FÜR BERUFSBILDUNG (Hrsg.) (2003b):

Zwischenbericht zum Forschungsprojekt 2.4.102: Interkulturelle Kompetenzen junger Fachkräfte mit Migrationshintergrund: Bestimmung uns beruflicher Nutzen, Bonn http://www2.bibb.de/tools/fodb/pdf/zw_24102.pdf, Zugriff am 09.07.2007.

BUNDESINSTITUT FÜR BERUFSBILDUNG (Hrsg.) (2005):

Abschlussbericht des Forschungsprojekts 2.4.102: „Interkulturelle Kompetenzen junger Fachkräfte mit Migrationshintergrund: Bestimmung und beruflicher Nutzen. Bonn, http://www2.bibb.de/tools/fodb/pdf/eb_24102.pdf, Zugriff am 09.07.2007.

BUNDESINSTITUT FÜR BERUFSBILDUNG (Hrsg.) (2005):

Berufliche Bildung von Jugendlichen und Erwachsenen mit Migrationshintergrund verbessern: Kompetenzen stärken, Qualifikationen verbessern, Potenziale nutzen. Pressemitteilung vom 22.11.2005, Bonn, http://www.bibb.de/de/22128.htm, Zugriff am 02.08.2007.

BUNDESMINISTERIUM FÜR BILDUNG UND FORSCHUNG (Hrsg.) (2005):

Berufliche Qualifizierung Jugendlicher mit besonderem Förderbedarf – Benachteiligtenförderung -, Paderborn.

BUNDESMINISTERIUM FÜR BILDUNG UND FORSCHUNG (Hrsg.) (2006):

Berufsbildungsbericht 2006, Bonn.

BUSSE, G./ PAUL-KOHLHOFF, A./ WORDELMANN, P. (1997):

Fremdsprachen und mehr: internationale Qualifikationen aus der Sicht von Betrieben und Beschäftigten, eine empirische Studie über Zukunftsqualifikationen, Bielefeld.

CASTELLS, M. (2002):

Das Informationszeitalter II: Die Macht der Identität, Opladen.

CLAESSENS, D. (1972):

Familie und Wertsystem. Eine Studie zur „zweiten sozio-kulturellen Geburt" des Menschen und der Belastbarkeit der „Kernfamilie" - 3. überarbeitete und erweiterte Auflage –, Berlin.

DATTA, ASIT (HRSG.) (2005):

Transkulturalität und Identität: Bildungsprozesse zwischen Exklusion und Inklusion, Frankfurt am Main.

DELBRÜCK, J./ RUDOLPHI, H./ ZASCHEL, M. (2006):

Erfahrungen und Erkenntnisse aus der Praxis des BQF-Programms. In: Bundesministerium für Bildung und Forschung (Hrsg.): Bausteine zur nachhaltigen Gestaltung einer individualisierten beruflichen Integrationsförderung junger Menschen. Ergebnisse der Entwicklungsplattform 3 „Individuelle Förderung", Band IIc der Schriftenreihe zum Programm „Kompetenzen fördern – Berufliche Qualifizierung für Zielgruppen mi besonderem Förderbedarf (BQF-Programm)", Bonn, S. 19 – 49.

DEUTSCHER BUNDESTAG (2006):

Grundgesetz für die Bundesrepublik Deutschland: XI. Übergangs- und Schlußbestimmungen [!], Berlin,
http://www.bundestag.de/parlament/funktion/gesetze/grundgesetz/gg_11.html,
Zugriff: 04.05.2007.

DIEFENBACH, H. (2002):

Bildungsbeteiligung und Berufseinmündung von Kindern und Jugendlichen aus Migrantenfamilien. Eine Fortschreibung des Sozio-Ökonomischen Panels (SOEP). In: Sachverständigenkommission 11. Kinder- und Jugendbericht (Hrsg.): Migration und die europäische Integration – Herausforderungen für die Kinder- und Jugendhilfe, Band 5, München, S. 9-70.

EISENSTADT, SHMUEL N. (1954):

The Absorption of Immigrants, A comparative study based mainly on the Jewish community in Palestine and the State of Israel, London.

ERIKSON, E. H. (1966):

Identität und Lebenszyklus, Frankfurt a. M.

ERPENBECK, J./ ROSENSTIEL, L.-v. (2003):

Handbuch Kompetenzmessung. Erkennen, verstehen und bewerten von Kompetenzen in der betrieblichen, pädagogischen und psychologischen Praxis, Stuttgart.

FREISE, J. (1982):

Interkulturelles Lernen in Begegnungen – eine neue Möglichkeit entwicklungspolitischer Bildung?, Saarbrücken.

FÜRSTENAU, S./ GOGOLIN, I. (2001):

Sprachliches Grenzgängertum: Zur Mehrsprachigkeit von Migranten. In: List, G./ List, G. (Hrsg.): Quersprachigkeit. Zum transkulturellen Registergebrauch in Laut- und Gebärdensprachen, Tübingen, S. 49 – 64.

GAITANIDES, S. (1996):

Probleme der Identitätsfindung der zweiten Einwanderergeneration. In: Zeitschrift für Migration und soziale Arbeit 01/1996, S. 32-39.

GEERTZ, C. (1987):

Dichte Beschreibung. Beiträge zum Verstehen kultureller Systeme, Frankfurt a. M.

GOMOLLA, M. (2003):

Fördern und Fordern allein genügt nicht! Mechanismen institutioneller Diskriminierung von Migrantenkindern und –jugendlichen im deutschen Schulsystem. In: Auernheimer, G. (Hrsg.): Schieflagen im Bildungssystem. Die Benachteiligung der Migrantenkinder, Opladen, S. 97-112.

GRANATO, M. (1999):

Pluralisierung und Individualisierung jugendlicher Lebenslagen – Ein Forschungsdesiderat? Aspekte der Forschung zu Jugendlichen mit in- und ausländischem Pass. In: Timmermann, H./ Wessela, E. (Hrsg.): Jugendforschung in Deutschland – Eine Zwischenbilanz. Schriftenreihe der Europäischen Akademie Otzenhausen Nr. 90, Opladen, S. 95-116

GRANATO, M. (2003):

Jugendliche mit Migrationshintergrund in der beruflichen Bildung. In: Zeitschrift Wirtschafts- und Sozialwissenschaftliches Institut (WSI) der Hans-Böckler-Stiftung, Düsseldorf 08/2003, S. 474-483.

GRIESE, H. – M. (2002):

Kritik der „interkulturellen Pädagogik": Essays gegen Kulturalismus, Ethnisierung, Entpolitisierung und einen latenten Rassismus, Münster.

GRIESE, H. M. (2005):

Was kommt nach der Interkulturellen Pädagogik? In: Datta, A. (Hrsg): Transkulturalität und Identität – Bildungsprozesse zwischen Exklusion und Inklusion, Frankfurt a. M., S. 11 – 28.

GROSCH, H/ LEENEN, W. R (2000[2]):

Bausteine zur Grundlegung interkulturellen Lernens. In: Bundeszentrale für politische Bildung (Hrsg.): Interkulturelles Lernen. Arbeitshilfen für die politische Bildung, Bonn, S. 29-46.

HALL, S. (1994):

Rassismus und kulturelle Identität. Ausgewählte Schriften 2, Hamburg.

HAMBURGER, F. (1983):

Erziehung in der Einwanderungsgesellschaft. In: Benner, D./ Heid, H./ Thiersch, H. (Hrsg.): Beiträge zum 8. Kongreß der Deutschen Gesellschaft für Erziehungswissenschaft (18. Beiheft der Zeitschrift für Pädagogik), Weinheim, S. 273 – 282.

HAMBURGER, F. (1995):

Interkulturelles Lernen als Aufgabe und Problem in Schule, Ausbildung und Beruf. In: Zukunftsforum Jugend 2000. Heft 03/1995, Bad Boll, S. 3 – 10.

HANSEN, K. P. (2000):

Kultur und Kulturwissenschaft: Eine Einführung. – 2., vollständig überarbeitete u. erweiterte Auflage, Tübingen.

HERBERT, U. (2003):

Geschichte der Ausländerpolitik in Deutschland. Saisonarbeiter, Zwangsarbeiter, Gastarbeiter, Flüchtlinge. Lizenzausgabe für die Bundeszentrale für politische Bildung Band 410, Bonn.

HILL, P. (1990):

Kulturelle Inkonsistenz und Stress bei der zweiten Generation. In: Esser, H. [u.a.]: Generation und Identität: theoretische und empirische Beiträge zur Migrationssoziologie, Opladen, S. 101-126.

HINZ-ROMMEL, W. (1994):

Interkulturelle Kompetenz. Ein neues Anforderungsprofil für die soziale Arbeit. Münster

HOFMANN-NOWOTNY, H.-J. (1970):

Migration – ein Beitrag zu einer soziologischen Erklärung, Stuttgart.

HOFSTEDE, G. (2001):

Lokales Denken, globales Handeln. Interkulturelle Zusammenarbeit und globales Management. – 2. durchgesehene Auflage –, München.

HOHMANN, M. (1989):

Interkulturelle Erziehung – eine Chance für Europa? In: HOHMANN/ REICH, S. 1-32, Hat im Original nicht vorgelegen.

HUNTINGTON, S. (1996):

Kampf der Kulturen: die Neugestaltung der Weltpolitik im 21. Jahrhundert, Rheda – Wiedenbrück.

KEUPP, H. (1998):

Diskursarena Identität: Lernprozesse in der Identitätsforschung. In: Keupp, H./ Höfer, R. (Hrsg.): Identitätsarbeit heute. Klassische und aktuelle Perspektiven der Identitätsforschung, Frankfurt a. M., S. 11 – 39.

KEUPP, H. U.A. (1999):

Identitätskonstruktionen. Das Patchwork der Identitäten in der Spätmoderne, Reinbeck.

KIESEL, D. (1996):

Das Dilemma der Differenz. Zur Kritik des Kulturalismus in der Interkulturellen Pädagogik, Frankfurt a. M.

KNAPP, A. (2002):

Interkulturelle Kompetenz: eine sprachwissenschaftliche Perspektive. In: Auernheimer, G. (Hrsg.): Interkulturelle Kompetenz und pädagogische Professionalität, Opladen, S. 63 – 78.

KONSORTIUM BILDUNGSBERICHTERSTATTUNG (2006):

Bildung in Deutschland. Ein indikatorengestützter Bericht mit einer Analyse zu Bildung und Migration,. im Auftrag der Ständigen Konferenz der Kultusminister der Länder in der Bundesrepublik Deutschland und des Bundesministeriums für Bildung und Forschung, Bielefeld.

KRAPPMANN, L. (1993[8]):

Soziologische Dimensionen der Identität. Strukturelle Bedingungen für die Teilnahme an Interaktionsprozessen, Stuttgart.

KRÜGER-POTRATZ, M. (2005):

Interkulturelle Bildung: Eine Einführung, Münster.

LEENEN, W.-R./ GROß, A./ GROSCH, H. (2002):

Interkulturelle Kompetenz in der sozialen Arbeit. In: Auernheimer, G. (Hrsg.): Interkulturelle Kompetenz und pädagogische Professionalität, Opladen, S. 81 – 102.

LOSCHE, H. (2000[2]):

Interkulturelle Kommunikation: Sammlung praktischer Spiele und Übungen, Augsburg.

LÜSEBRINK, H.-J. (2005):

Interkulturelle Kommunikation: Interaktion, Fremdwahrnehmung, Kulturtransfer, Stuttgart.

MEINHARDT, R. (2005):

Einwanderungen nach Deutschland und Migrationsdiskurse in der Bundesrepublik - eine Synopse, in: Leiprecht, Rudolf/ Kerber, Anne (Hrsg.): Schule in der Einwanderungsgesellschaft: Ein Handbuch, Reihe Politik und Bildung - Band 38, Schwalbach/Ts., 24-55.

MITSCHERLICH, A. (1975[2]):

Zur Psychologie des Vorurteils. In: Hartmann, K. D. (Hrsg.): Vorurteile, Ängste, Aggressionen, Frankfurt, S. 14

NICKLAS, H./OSTERMANN, Ä. (1976):

Vorurteile und Feindbilder, München.

NIEKE, W. (1995):

Interkulturelle Erziehung und Bildung – Wertorientierungen im Alltag, Opladen.

NIEKRAWITZ, C. (1991[2]):

Interkulturelle Pädagogik im Überblick – Von der Sonderpädagogik für Ausländer zur interkulturellen Pädagogik für Alle. Ideengeschichtliche Entwicklung und aktueller Stand, Frankfurt a. M..

OTTEN, H./TREUHEIT, W. (1994):

Interkulturelles Lernen in Theorie und Praxis. Ein Handbuch für Jugendarbeit und Weiterbildung, Opladen.

PRIORE, R. (2006):

Interkulturelle Kompetenz von Jugendlichen mit Migrationshintergrund. In: Bundesministerium für Bildung und Forschung (Hrsg.): Modelle und Strategien zur Verbesserung der Bildungsbeteiligung von Jugendlichen mit Migrationshintergrund. Ergebnisse der Initiativstelle Berufliche Qualifizierung von Migrantinnen und Migranten (IBQM) beim Bundesinstitut für Berufsbildung (BIBB), Band III der Schriftreihe zum Programm „Kompetenz fördern – Berufliche Qualifizierung für Zielgruppen mit besonderem Förderbedarf (BQF-Programm)", Bonn, S. 165 – 174.

RADTKE, F. - O. (1992):

Das schick angerichtete Design der Gesellschaft in den 90er Jahren. Multikulturalismus ist ein modernes und gleichzeitig antiquiertes Konzept. In: Frankfurter Rundschau vom 09.09.1992, S. 16.

REVIERE, U. (1998):

Ansätze und Ziele interkulturellen Lernens in der Schule: ein Leitfaden für die Sekundarstufe, Frankfurt.

SANDHAAS, B. (1988):

Interkulturelles Lernen. Zur Grundlegung eines didaktischen Prinzips interkultureller Begegnungen. In: Internationale Zeitschrift für Erziehungswissenschaften 4/1988, S. 415 – 438.

SEKRETARIAT DER STÄNDIGEN KONFERENZ DER KULTUSMINISTER DER LÄNDER DER BUNDESREPUBLIK DEUTSCHLAND (Hrsg.) (1991):

Rahmenvereinbarung über die Berufsschule (Beschluss der Kultusministerkonferenz vom 15.03.1991), Bonn, http://www.kmk.org/doc/beschl/rvbs91-03-15.pdf; Zugriff am 10.07.2007.

SEKRETARIAT DER STÄNDIGEN KONFERENZ DER KULTUSMINISTER DER LÄNDER IN DER BUNDESREPUBLIK DEUTSCHLAND (Hrsg.) (2004):

Rahmenvereinbarung über die Berufsfachschulen (Beschluss der Kultusministerkonferenz vom 28.02.1997 i.d.F. vom 22.10.2004), Bonn, http://www.kmk.org/doc/beschl/RVBFS04-10-22.pdf, Zugriff am 10.07.2007.

SEKRETARIAT DER STÄNDIGEN KONFERENZ DER KULTUSMINISTER DER LÄNDER IN DER BUNDESREPUBLIK DEUTSCHLAND (Hrsg.) (2006):

Das Bildungswesen in der Bundesrepublik Deutschland 2004, Bonn, http://www.kmk.org/dossier/dossier_dt_ebook.pdf; Zugriff am 10.07.2007.

SEUBERT, R. (2006):

Ausländische Jugendliche zwischen Schule und Berufsausbildung, Siegen. Unveröffentlichtes Manuskript.

STATISTISCHES BUNDESAMT DEUTSCHLAND 2007:

Erwerbspersonen vs. Nichterwerbspersonen, Wiesbaden,

http://www.destatis.de/jetspeed/portal/cms/Sites/destatis/Internet/DE/Grafiken/Projekte/Arbeitsmarkt/Arbeitsmarkt__Erwerbspersonen.psml, Zugriff am 20.08.2007.

STERNECKER, P. (1992):

Kulturelle Identität und interkulturelles Lernen – Schriften des Institutes für angewandte Kommunikationsforschung, Opladen.

THOMAS, A. (1996[2]):

Psychologie und multikulturelle Gesellschaft: Problemanalysen und Problemlösungen. Ergebnisse des 14. Workshop-Kongresses der Sektion Politische Psychologie im Berufsverband Deutscher Psychologen (BDP) in Regensburg, Göttingen.

THOMAS, A. (2003):

Kultur und Kulturstandards. In: Thomas, A./ Kinast, E.-U./ Schroll-Machl, S. (Hrsg.): Handbuch interkulturelle Kommunikation und Kooperation, Bd. 1: Grundlagen und Praxisfelder, Göttingen, S. 19 – 34.

TREIBEL, A. (1999):

Migration in modernen Gesellschaften: Soziale Folgen von Einwanderung, Gastarbeit und Flucht. 2., völlig neu bearb. und erw. Aufl., Weinheim.

TRIANDIS, H. C. (1989):

Intercultural Education and Training. In: Funke, P. (Hrsg.): Understanding the US – across culture prospective, Tübingen, S. 305-322.

ULRICH, R. (1999):

Deutschland: Demografische Wirkungen des Ius-soli. In: Migration und Bevölkerung, Bundeszentrale für politische Bildung (Hrsg.), Ausgabe 05/1999, Bonn, http://www.migration-info.de/migration_und_bevoelkerung/artikel/990502.htm, Zugriff am 15.06.2007

WIEVIORKA, M. (2003):

Kulturelle Differenz und kollektive Identität, Hamburg.

Abbildungs- und Tabellenverzeichnis